U0583068

现代新闻传播及媒体融合研究

崔颖　李丹　张彩◎著

吉林出版集团股份有限公司
全国百佳图书出版单位

图书在版编目（CIP）数据

现代新闻传播及媒体融合研究／崔颖，李丹，张彩
著. -- 长春：吉林出版集团股份有限公司，2023.8
　ISBN 978-7-5731-4109-5

　Ⅰ. ①现… Ⅱ. ①崔… ②李… ③张… Ⅲ. ①传播媒
介-研究 Ⅳ. ①G206.2

中国国家版本馆 CIP 数据核字（2023）第 149284 号

XIANDAI XINWEN CHUANBO JI MEITI RONGHE YANJIU

现代新闻传播及媒体融合研究

著：崔 颖 李 丹 张 彩
责任编辑：朱 玲
封面设计：冯冯翼
开　　本：787 mm× 1092 mm　1/16
字　　数：194 千字
印　　张：8
版　　次：2023 年 8 月第 1 版
印　　次：2024 年 4 月第 1 次印刷

出　　版：吉林出版集团股份有限公司
发　　行：吉林出版集团外语教育有限公司
地　　址：长春市福祉大路 5788 号龙腾国际大厦 B 座 7 层
电　　话：总编办：0431-81629929
印　　刷：三河市金兆印刷装订有限公司

ISBN 978-7-5731-4109-5　　定　　价：58.00 元

PREFACE 前 言

当前，我们正处于一个媒体环境迅速变革的时期。在变革中，矛盾双方是以报纸、广播、电视为代表的传统媒体和以互联网、电脑、智能移动终端为代表的新兴媒体，二者在未来媒体信息主宰权上展开了斗争。随着新媒体时代的到来，新媒体的表达形式、传播频率、传播范围、传播速度、受众特点等常常使人不知所措，旧媒体时代形成的"内容为王"观念虽然在新媒体时代仍被强调，但网络、渠道、平台和终端的作用与价值日渐凸显，服务与市场的理念正逐步深化。因此，深入研究新媒体的传播，推动新媒体科学有序的发展就成了新闻传播研究的一个重要内容。

伴随着这场巨大信息革命的发展，新兴媒体影响越来越大，特别是出现了全程媒体、全息媒体、全员媒体、全效媒体，信息无处不在、无所不及、无人不用，导致舆论生态，媒体格局，传播方式发生深刻变化。我们必须深刻认识这一时代的挑战和机遇，推动媒体融合发展，加快构建融为一体、合而为一的全媒体传播格局。媒体融合发展是一篇大文章。传统媒体和新兴媒体不是取代关系，而是迭代关系；不是谁主谁次，而是此消彼长；不是谁强谁弱，而是优势互补。本书主要研究现代新闻传播及媒体融合，从新闻与新闻传播基础介绍入手，针对现代新闻传播的社会效果进行了分析；接着深入探讨了媒介融合及其影响、其产物融合新闻的生产过程以及融媒体语境下手机、电视媒体新闻传播；另外对媒体融合下的个人素养培育与团队组建做了研究；最后对现代主流媒体的融合传播创新建设提出了一些建议；对新闻传播及媒体融合的共同发展创新有一定的借鉴意义。

本书在写作的过程中参阅了许多有关新闻传播方面的著作同时也引用了许多专家和学者的研究成果，在此表示最诚挚的谢意！由于时间仓促，作者水平有限，错误和不当之处在所难免，恳请广大读者在使用中多提宝贵意见，以便本书的修改与完善。

CONTENTS 目 录

第一章　新闻与新闻传播

第一节　新闻的界定和特征

一、新闻的定义

在日常生活中，我们经常会碰到一些简单的常用词汇。这些词汇人人都懂，但要想给它们下定义，却并非易事。人们每天都能接触到新闻，对各种媒体上传播的内容，人们很容易判断出它是不是新闻，但要给新闻下一个准确的定义，却很不容易。古往今来，中外新闻学者、新闻从业人员从各自的世界观出发，对新闻作过很多解释，但直到今天，人们还并不满意，还在不断探索怎样给新闻下一个更加准确的定义。

在新闻研究界，曾经有人把西方关于新闻的解释和定义分为两大派：一派被称为理论派，另一派则为实用派。实际上，"实用派"并非一个学术性的派别，他们也无意在理论上建设一个什么新闻学派，"实用派"的名称不过是一些学者为了表达的方便而给他们加上的一个称谓。而所谓"实用派"，顾名思义也就是说他们对新闻问题的阐述，全都从实际应用的角度，揭示它的实用价值和操作方法。实用派中的人物全都是新闻业界的编辑、记者、主编和发行人。他们对什么是新闻的回答，当然也不在于科学地表述新闻的根本性质是什么，而是强调在具体实践中新闻报道应该去"报道"些什么。

所谓"理论派"，当然是真正意义上的专业的新闻理论研究者，他们大多是学者、教授，而他们对于新闻是什么的回答，在态度和方法上也显然更加严肃、严谨和科学得多。

有人归纳并择取了国外新闻学界对新闻定义的以下几种比较有代表性的说法：[①]

①新闻是经过记者选择以后及时的事实报道。

②新闻就是把最新的现实的现象在最短的时间距离内，连续介绍给最广泛的公众。

③新闻是最近发生的，能引人兴味的事实。

---

① 王捷. 新闻的定义 [J] . 魅力中国，2018，（第 15 期）：52.

④新闻是关于突破事物正常轨道或出乎意料的事件的情况。

⑤新闻是根据自己的使命对具有现实性的事实的报道和批判，是用最短时距的有规律的连续出现来进行广泛传播的经验范畴的东西。

⑥新闻是把最新的事实，精确而迅速地印刷成了使多数人感兴趣而有益的（消息），就是 news。

应该说，以上这些新闻的定义，在对新闻性质的概括和表述上，有很多是大同小异的。我们进行了这样不厌其烦地列举，也只是想能够使得学习者获得更详尽一些的资料，以首先了解新闻定义问题上的全貌，避免完全主观化地给出一个简单的定义，反而会限制学习者独立思考和选择的余地。

二、新闻的本质

新闻就其最基本的性质来说，首先是人类社会的一种传播活动和行为。而传播活动又是人类与生俱来的本能性活动，尤其是从人类组成了人类社会之后，传播活动又是人类社会赖以构成的最基本的要素。传播学中经常说到的一句话就是，没有传播就没有人类，更不可能有人类社会的构成。而新闻的产生，归根结底就是人类传播本能行为的一种扩展和延伸。是随着人类生产水平的发展和人类精神需求以及欲望的扩大，而逐渐发展起来的一种专门的职业和事业，是一种更加具有大众性的文化传播方式和信息传播手段。[①] 从现有的人类学研究和传播学研究以及心理学、历史学研究等领域的大量资料来看，传播行为毫无疑问是人类与生俱来的本能性行为。传播是所有动物包括最原始的单细胞动物的最自然的本能。所以人类传播的发生也就首先基于这种动物性本能。当然，正是由于人类从还没有进化为人类之时就有了传播的欲望和本能，那么，在非常遥远的人类历史发展进程之后，新闻传播的出现，也自然是由于人类有着强烈的传播的欲望。人类需要把自己已知的事件和信息传播给他人或者全社会。这是新闻产生的根本动力源。

其次是人类有接受信息的欲望和要求，尤其是接受最新信息的欲望和要求。从理论上讲，人类从一来到这个世界，为了自己的生存和发展，就需要了解周围的环境，需要了解世界的变化，尤其需要了解为自己提供生存基本条件的食物链的状况。哪里有可食用的植物和猎物，哪里可以躲避自然界的危险，如何能够得到配偶的接受等。而人们要达到对这些情况的了解，就必须不断接受外界的信息，接受同类传播的信息。人类一旦没有了足够的信源为自己源源不断地提供信息，或者人类完全失去了信息的交流，那就必然会导致人类的自行消亡。在远古的时候，信息甚至直接就是现实的生存与生命。远古人用图画表示

---

① 费丹乙．新闻本质的哲学探讨［J］．淮海工学院学报（人文社会科学版），2017，（第9期）：74-78.

猎物的方位和去向，后来者只有获得了这样的信息，才能很容易地得到维持生命的物质条件。因而人们对信息的需求是生死攸关的。同时，从另一个层面来说，人类对信息的接受有许多时候还都是非功利的和非实用的。现代的人们每天看电视、听广播、读报纸，关心国家大事，这种求知欲有很多时候只是为了求"知道"而已，并不是为"知道"了之后再对其加以改变、参与，以及从中得利等（当然也并不完全排除其中的功利意义），这种求"知"许多时候只是求得一种纯粹心理的满足。而这种非功利和非实用的对信息接收的欲望和本能，也同样是人类与生俱来的。

再次是人类的求新求奇心理，决定了人们对一些最新信息的渴求。人类生活在这个世界上，从一开始就对信息有着很强的依赖性。而在与现实生存和自然生命密切相关的信息的获得上，越早越快，也就受益越大。因而，这就逐步形成了人们对最新信息的反应敏捷的心理习性。首先是出于对最新信息的实用性需要，使人类对最新信息有着强烈的需求，有着强烈的心理上的渴望，而人类的游戏和娱乐的本能，也同样对最新发生的事情有着了解的兴趣。求新求奇心理，也就越来越成为人类心理构成的重要部分。所以，人类社会有了一定的条件之后，为最大限度地满足人们获取最新信息的新闻业，自然就越来越兴旺发达。

再回到新闻这一客观对象自身来讲，新闻作为一种社会化信息，而且作为一种覆盖率极广的大众传播信息，其信息内在的实质又应该怎么理解和阐述呢？新闻的信息实质就是新闻人对现实中的最新事件和情况的有选择的抽象转化与编码。现实中的事件与事物本身并不是新闻。只有经过记者的采访整理，形成语言的客观叙述以及符号化的制作，然后通过技术手段进入媒体的传播，才能够称为新闻。新闻对于客观事物社会化的决定性作用，也可见新闻与原本的事物在性质上是根本不同的。所以，新闻在本质上是人的信息编码与加工的结果。客观事物如果没有经过信息化处理，没有进入传播的过程，是不能被称为新闻的。

基于上述的分析，新闻本质的问题，可以作如下的阐述：

新闻从最根本的性质上说是人类社会的一种大众化的传播活动。尤其是人类历史有了工业生产条件以后以及随着科学技术的发展，专业传者为满足人们对于最新信息的需求，按照一定的规律和规则，把现实社会和日常生活中的最近发生的一些有新闻价值的事件和事实，有选择地经过编码和处理，通过人工或机器转化为可流动的信息，并通过一定的载体和媒介，向更广大的社会范围和受众进行传播的文化性活动。新闻的最根本的特征首先在于信息质量的新鲜性和新奇性，并具有传播的社会空间上的广泛性和时间上的快捷性。[①]

---

① 刘静杰. 刍议"互联网+"新闻的本质 [J]. 活力, 2018,（第14期）: 115.

三、新闻的特征

新闻的特征是新闻区别于其他事物的特有性质。人们对新闻特征的认识，是在长期的新闻事业的发展过程中逐步深入的。当实务派和理论派在给新闻下定义的时候，其实他们也是在寻找新闻的特征。找到了新闻的特征，新闻工作者就有了判断什么是新闻的标准，同时新闻的特征也规定了新闻工作的大致规则。根据新闻的定义，我们可以将新闻的特征归纳为四个方面：①

（一）真实性

真实性是新闻的第一特点，因此新闻界流传这样一句格言：真实是新闻的生命。新闻是事实的报道，事实是新闻的本源和基础，没有事实就没有新闻，因此新闻只能按照客观事物的本来面貌作真实的陈述，容不得半点虚构、夸张、粉饰，更不允许无中生有，凭空捏造。

"新闻真实"是新闻从业者心中的一面旗，它应该被插在灵魂的高原上。在现实世界中，不同的记者隶属于不同的国家、不同的阶级和不同的集团，他们在采写新闻的时候，会有不同的价值标准，但他们在追求真实性上应该是一致的，这种一致是自觉的一致。新闻传递的是信息，它是人们认识世界的基础，人们要根据它来绘制"社会地图"，然后才能做出行动的决策。因此新闻传播者必须要老老实实地向受众传播真实的信息，无论是在稿纸前、话筒前，还是镜头前，都要自觉地剔除大话、套话和言不由衷的话，让新闻真正还原成事实本身。

新闻真实是微观的、具体的，没有事实的新闻不是新闻，背离事实的报道只能是谣言。新闻事实是客观的，但新闻却是主观的。新闻避免不了体现个人的看法或评价，但是，这些看法或评价是建立在事实的基础上的，一个富有社会责任感的记者必须尊重事实，做社会的批评者和弱势群体的辩护者。在现实社会中，媒体都隶属于一定的阶级、集团，但是这不能改变媒体是社会工具的性质。它必须站在公众立场上，才能获得生存和发展。坚持真实性就是坚持真理，坚持真实性要求记者要敢于伸张正义。然而，我们也看到，少数媒体大话、套话天天讲、月月讲、年年讲，为了个别人的利益，用"假大空"毁了媒体的声誉，把新闻变成了历史垃圾。这些现象是新闻工作者要引以为戒的。

（二）新鲜性

求新、求变是受众接收信息的普遍心理，因此新闻的核心之一就在于新。自然界和人

---

① 薛万蕊. 浅析融媒体新闻特征与后期编辑 [J]. 名汇，2019，（第14期）：26-27.

类社会时刻不停地在运动和变化着，如果不加选择地将物质运动和变化的事实搬到媒体上，媒体必然会变成杂货铺。

受众对新闻新鲜性的期待，要求媒体必须要不断出新，才能获得满意的社会效益。今天很多媒体的新闻报道花样不断翻新，不断改版，就是力求在内容和形式上吸引受众。创新是新闻事业永恒的要求，为了使新闻内容和形式都很"新鲜"，新闻改版永远不会停止。

（三）及时性

新闻事件在一定的时空内发生，及时性是新闻存在的基本要素。事件在一定时空内发生后就在不断衰老，等到下一个事件发生时，旧的事件就不再是新闻。因此新闻有很强的时间限制，新闻报道与事件发生之间时间差越小，新闻就越鲜活。受众接收新闻信息，目的是要随时知道外界发生的变化，并让自己的行为适应这一变化，因此，记者应该以最快的速度展示新闻事件，使新闻更加生动、新鲜。新闻是易碎品，随着时间流逝，新闻的价值迅速耗散，甚至消失。新闻图的是新，讲的是快，只要没有其他问题，新闻单位就应该快采、快编、快发，争取先声夺人。近年来，传媒技术发展很快，同步直播新闻事件已成为现实，因此新闻单位在时效性竞争上更加激烈。在新闻竞争的环境下，记者抢新闻的意识非常强，在一些重大新闻事件发生后，他们会在第一时间出现在新闻现场。在时效性的竞争中，一家媒体如果接二连三地落后，会引起受众的失望，并最终被受众抛弃。

（四）公开性

新闻是新近或正在发生的事实的报道，因此事实只有被公开传播才是真正的新闻，否则，新闻就成了马路消息、小道消息，失去了价值。从人类生存和发展的需要来看，人们获取新闻，目的是更好地把握世界的运动和变化，因此新闻只有最大限度地让全社会知道，它的价值才能更好地体现。新闻是通向世界的窗口，但这个窗口是否能通向外部世界，还要取决于窗口的大小、窗格的多少和玻璃是不是透明。过去我们办媒体，往往从政治角度出发去决定报与不报，结果在新闻实践中处于被动。在信息化的时代，新闻总有渠道流传出去：你不报，人家报；你后报，人家先报；你消极地报，换来的是更大的被动。我们知道新闻是客观的，但记者是有立场的，一个事件发生后，记者完全可以从自己的立场出发，选择有利于本阶级的角度去报道，但是如果不报，就连表述立场的机会都没有了。如果这个事件与人民的生活息息相关，不报就无法让人民了解外部环境，最终会影响媒体的公信力。一个国家的主流媒体传播的新闻，应该满足主流社会人群的心理需要，反映其现状和要求。这就要求我们的媒体及时、准确、公开地传播最近发生的新闻。

第二节　新闻传播的基本原则

一、新闻传播的真实性原则

新闻从业者常说：真实是新闻的生命。确实，新闻是新近发生的事实的报道，新闻的本质决定了新闻必须真实。然而，在现实生活中，新闻传播要比定义复杂得多。新闻的本源是客观存在的事实，新闻是客观事实的反映，没有事实就没有新闻。维护新闻真实性才能维护真理，才能维护新闻事业的根基。一家媒体如果不断出现假新闻，必将在人民心目中丧失公信力和权威性。

（一）关于"真实"的几个概念

新闻的真实性是指新闻报道能够客观准确地反映客观事物的最新运动和变化。新闻是一种社会意识形态，从本质上看，新闻同客观存在的社会生活的关系，是一种反映与被反映的关系。因此，新闻的真实性应该包括新闻传播者对新闻事实的客观陈述，还包括新闻传播者对新闻事件的公正评价。在哲学上，真实有三重规定：一指客体世界本身的运动、变化、发展及其规律性。二指认识的真实性、真理性。在这重含义上，当人的认识反映了客观事物及其规律时即谓"真"，否则即谓"假"。三指人所追求的一种境界。在这种境界中，人的思想和行为达到了与规律性的高度一致。[①] 这三种真实概括为存在论意义上的真实、认识论意义上的真实和实践活动中的真实。"真实"似乎很简单，但是它在现实生活中的表现却是多层次的，所以在探讨新闻真实性的时候，人们提出了以下几组真实性概念。

1. 新闻真实与新闻事实是客观存在的事物运动和变化的状态

任何事物都存在于特定的时空环境中，当时间流逝、空间移位后，新闻事实也会随之改变。面对不断运动变化的世界，记者最苦恼的就是他们面对丰富多彩的现实世界，但是无法绝对占有新闻事实。新闻真实是新闻记者对新闻事实的反映，是主观领域的东西，无论记者怎样敬业，无论采访设备如何先进，新闻真实只能是对新闻事实的概貌的反映，只是在一定程度上对客观事实的再现。为了使新闻报道能够真正完成为公众绘制社会地图的任务，新闻真实必须尽可能地反映新闻事实的每一个细节，必须在新闻事件相互联系的基础上反映新闻事件运动变化的规律。新闻真实总是相对于一定的参照系而言的，它度量的

[①] 傅蕾. 新闻采写中的真实性原则分析 [J]. 新丝路（上旬），2022，（第3期）：135-137.

是新闻与其所反映的新闻事实之间的符合程度。因此，新闻真实既有质的规定性，也有量的规定性。质上它与虚假相对立，量上它是有限度、有程度的。新闻事实是存在论意义上的真实；新闻真实是认识论意义上的真实，既包括对客观事物的具体描述，还包括对客观事物的公正评价。新闻真实具有质和量的规定性，当参照系不同时，人们对新闻真实的判断标准也有不同。因此，过去我们习惯于把新闻真实分成无产阶级新闻真实观和资产阶级新闻真实观，认为：资产阶级新闻真实观受形而上学的影响，主张事实的真实，往往以孤立、片面和静止的观点来认识客观事物和反映客观事物；无产阶级新闻真实观坚持唯物主义，一切从实际出发，真实地反映生活，善于从总体上、本质上以及发展趋势上把握事物的真实性。因为意识形态的差异，在不同政治制度下，人们对新闻真实性的认识有一定的差异。但是，随着社会发展和全球一体化的加强，全世界所有的新闻工作者都逐渐形成了崇高的职业意识。在资本主义世界，随着新闻检查制度的取缔和新闻法规的完善，任意曲解事实、进行歪曲报道的做法越来越受到社会舆论的谴责。在激烈的市场竞争中，即使是唯利是图的老板也更加注重传播真实的新闻和受欢迎的节目。应该说，无论是在资本主义国家还是在社会主义国家，人们对新闻真实的最基本认识是一致的：新闻中的时间、地点、人物、事件、原因和经过要经得起核对；对新闻事件的叙述和评价要公正、客观，要经得起人类逻辑思维的检验。

2. 单个真实和整体真实

单个真实指的是具体到某一篇报道所显示出来的真实；而整体真实反映的是一组报道或整个新闻传播界所显示出来的真实。世界上的事物处在不断发展和普遍联系之中。任何事物在某一时间点所处的状态，既是前一运动状态的延续，也将影响事物在以后时间点上所呈现的状态。同时，任何事物在整个大系统中，总是和环境中的事物有千丝万缕的联系，它的运动变化总是要受到环境的影响。新闻记者在一次采访过程中，往往只会关注事物的某个局部，只会关注事物的某个发展阶段，因此，当受众接受了媒体的报道内容后，很可能要面对单个真实和整体真实的差别。单个真实和整体真实的区别，要求新闻媒体不能就事论事，而应该将新闻事件放到社会环境中，去发掘新闻背后的新闻。同时，记者在对待新闻人物和新闻事件的时候，应该用历史的、发展的眼光看问题，不能只及一点、不及其余。当然，对整体真实的还原仅靠一篇报道、一家媒体是不够的，因为任何记者、任何媒体无论其报道的立场多么客观，总有自己的视角和偏见。因此，整体真实需要社会允许多种媒体共同介入事件报道，当多种声音报道一个新闻事件的时候，受众便可以在多元信息的互补中获得对事件的客观认识和整体把握。不存在没有情境的事实，也不存在不受记者意见影响的事实性报道。为了尊重受众的自我判断能力，媒体应该将事实与观点剥离，让受众自己去取舍。这里还需要强调的是：单个真实并不必然地整合出整体真实；同时，整体真实也不能必然地演绎出单个真实。受众在单个真实与整体真实中作判断的时候，还需要加入很多个体思考、论证的因素。但是，如果单个真实出了问题，公众就缺少了谈论真实的基础，整体真实更是无从谈起。

3. 新闻真实和本质真实

"本质真实"是从文学领域移植到新闻学领域的一个概念。文学是对现实生活的艺术再现和加工，通过塑造典型人物、典型事件以及冲突和悬念，集中地反映社会矛盾，表现时代主题。对于文学作品来说，作品的主题是真实的，它能够反映特定时代背景下不同人的生存状态。[①]

本质是抽象的概念，只有正确不正确、深刻不深刻之分，不存在真实不真实的问题。另外，新闻工作主要是为公众提供新近发生的事实的报道，它要把世界最新的变化呈现给广大受众，在快节奏、短时间的采访、写作和编辑过程中，新闻工作者能够做到的是尽可能地核实消息来源，保证新闻事实的准确无误。至于新闻是否反映了事件的本质，还需要历史去检验。提供真实情况是走向真理的第一步，但真实毕竟不能等于真理。要想在纷繁复杂的现象中找到带规律性的东西，还需要经历相当艰苦甚至漫长的过程，这是新闻媒介单独无法承担的任务。

（二）对新闻失实的有效治理

新闻失实对社会的伤害是巨大的，它不仅扰乱了新闻从业者队伍，玷污了新闻事业的声誉，而且干扰了市场秩序，破坏了社会诚信，扰乱了社会秩序，甚至践踏了正义，侵犯了人权。我国媒体是党和人民的喉舌，具有很强的权威性和很大的影响力，媒体为了担负其应有的社会责任，必须着力报道国内外政治、经济、社会、文化等领域的重要动向，做历史发展主要脉络的记录者，建立起较强的公信力。为此，和新闻失实进行斗争，维护新闻工作的神圣性，将是我国媒体一项长期艰苦的工作。

对新闻失去实的治理，主要应该从这样几个方面进行：第一，要转变各级领导干部的宣传观念，减少行政权力对媒体的干预。第二，要对媒体的管理体制进行改革，让媒体真正成为市场竞争的主体。第三，要加强新闻法治建设，对新闻行业的违纪违法行为依法惩处。对新闻事业进行依法管理是建设民主国家的必然举措，对新闻报道中出现的诽谤、诬陷等侵权、毁誉的情况，要依照法律对相关媒体和个人进行惩处，第四，应该加快新闻法的立法进程，使新闻管理真正由行政管理走上依法管理的道路。第五，要加强新闻工作者的职业道德建设，努力提高新闻队伍的职业素养水平。新闻单位要对从业人员进行严格管

---

① 单琪．论新媒体时代如何坚持新闻真实性原则［J］．大观周刊，2020，（第11期）：44．

理和培训，防止新闻队伍出现鱼龙混杂、良莠不齐的状况。教育新闻从业人员要在自律和法律的精神指导下从业。不说假话是普通人做人的原则，不追捧假话是一个职业新闻人的原则，即使在最困难的时候新闻人都不能在说假话上发明创造。任何时候，新闻工作者都不能放弃坚守，不能以新闻资源和权利去寻租。新闻行业的腐败现象还需要通过政治改革来治理，当社会普遍存在潜规则的时候，如果只要求新闻传媒一个行业不被任何利益驱动，达到完全理想中立、自由状态是很难的。当整个社会都能够依法办事、依法治国理念得到落实的时候，相信新闻行业出现的腐败现象也必然没有生存的土壤。

二、新闻传播的公共性原则

"公共性"是目前各学科讨论的热门关键词。在新闻传播领域内，新闻媒体的公共性一直备受关注且颇具争议。普遍认为，新闻媒体公共性的缺失是世界范围内的危机，但众多论述中却少有阐明何为新闻媒体的公共性。本文从公共性的界定出发，对公共性和媒体公共性进行了理论梳理，并通过对新闻媒体公共性属性的探讨，试图架构出其完整面貌。

何为"公"？根据《辞海》的解释，"公"的中文含义为"公共；共同"，与"私"相对。"私"的真实内涵仅仅是指以个人生活为中心取向的占有形态和活动内容，思想对于公，只是人群集中规模的大小。公私的概念只是人的集合状态或规模状态，所指的只是一种个人与集体的相对性。[①] 可见"公"与"私"是一对相互定义的词，因公共性自身的流动性和相对性，不同学科的研究者们对其进行了解读。

从政治学的观点来看，公共性首先体现为人类对自身提出的一种道德要求，即公共精神和公共美德的树立和延续。只有公共权力被全体公民共同分享，公共活动由全体公民共同参与，公共事务由全体公民共同决定和管理，才能体现城邦和国家的最高的善，即公共利益，公民才能提升自身的德性，从而获得幸福。从哲学的观点来看，公共性是公开的、实在的、共同的。人们自由、积极地参与公共事务，行使的是"行动"，行动优于劳动和工作，更能体现人类应有的平等对话、自由辩论等权利和存在价值。

从行政学的观点看，公共性即充分地反映公众意志、积极地回应公众要求、以一切特殊利益背后的社会普遍利益为目标取向等内容。行政的公共性体现在处理个人与集体不同的社会团体、不同的利益阶层等之间的关系，以求在多元的利益冲突中发现共同的基点。这个基点最终落脚在公共利益上。

关于公共性，本书做出如下归纳：首先公共性是公众的，满足人的需求，反映人的意志。作为一个抽象概念，公共利益普遍存在却并非无主体，它必须和人联系在一起。其

---

① 黄楚新，彭韵佳．公共传播视域下的注意义务［J］．新闻与写作，2017，（第7期）：10-13.

次，公共性是公共的、普遍的，基于个体、又超越于个体利益，追求利益满足的最大公约数。第三，公共性是公开的，全体公民有知情权和参与权。第四，公共性暗含了多样性，公共空间里利益主体多元化，彼此关系错综纠葛，既有个体利益，又有团体利益和社会公共利益，政府承担着处理其中多元利益关系的责任，以此体现出公共性。

媒体的公共性研究，是公共性这一基础性理论命题在新闻传播领域的具体体现。国外的代表性观点有哈贝马斯（Jürgen Habermas）的"公共领域"理论。从国家-社会层面出发，哈贝马斯将公共性等同于公共领域。他认为，公共性并不是实现平等、自由、民主等基本原则的充分必要条件，而个人批判性意见的自由表达才是实现公共性的必要条件。可以看出，哈贝马斯把媒体的公共性和平等、自由、开放、民主等基本原则联系起来并建基之上，这为我们提供了有益的启示。① 如果缺乏对媒体公共性背后这些基本原则的探析，就无法对媒体公共性做出较全面而准确的理解。从民主-权力层面出发，媒体公共性的实质就是民主问题，尤其是社会参与问题。对于媒体公共性的讨论不能局限于传播学领域，而应该与更深远的国家结构和政治运作方式联系起来，看到媒体公共性背后的权力关系，这样才能更好地理解媒体公共性的本质。从媒体-社会层面来看，传媒的公共性为传媒作为社会工具器服务于公共利益的形成与表达的实践逻辑。其公共性体现为，传媒服务的对象是公众；传媒服务的平台和话语公开；传媒的使用和运作公正。这主要是从媒体的内部控制，即媒体的实践及其话语生成和媒体的外部控制，即传媒的体制两方面来探讨的。

（一）我国新闻媒体公共性的属性

因公共性定义的流动性，对新闻媒体的公共性作出永恒而固定的定义是不切实际的，我们需要的是用一些属性来对新闻媒体公共性的阐述做出框定。从政府体制方面看，我国媒体的所有权由政府所有，代表人民对传媒体制进行积极的、切实可行的宏观调控。新闻媒体公共性具有民主共享性。一方面媒体的公共性并不孤立存在，它必须和一些不可撼动的基本原则结合起来探讨，包括民主、自由、平等等；另一方面，就媒体体制而言，它是一种公共资源和战略性资源，具有非排他性的特点，强调最大范围的均有和最大公约数的利益满足。新闻媒体公共性具有适当独立性。对新闻自由的呼唤由来已久，无论中外媒体，都不可能有绝对的新闻自由，均不同程度地受制于政府。但就世界范围来看，新闻自由已经取得了相当进步，其批判和监督职能日益得到发挥和重视，其自主经营权也得到一定范围的拓展。

从受众服务方面看，数量巨大，是媒体服务的对象，且公民的参与意识和政治意识正在觉醒。新闻媒体公共性具有公众性。现代媒介社会已经逐渐由传者中心本位转变为受者

---

① 黄楚新，刁金星. 坚守新闻的专业性与公共性［J］. 青年记者，2018，（第27期）：9-10.

本位，媒体服务的对象是公众，维护的是最广泛的公众利益，而公众的思考力、辨别力和批判力在逐渐增强，公民意识和要求参与社会公共事务管理的诉求也在与日俱增。从媒体操作方面看，媒体的公共性是一个抽象概念，它最终落实于新闻媒体的话语表达及其实践活动中。新闻媒体公共性具有公开性。新闻是对新近发生的事实的报道，媒体的主要责任就是为人们的工作、学习、生活提供外部世界变动的新闻和信息，以利于澄清和引导人们理解外部世界，而不是使之观念混淆。新闻信息的公开性决定了公众的知情权和监督权。新闻媒体公共性具有实践性。媒体通过议程设置、话语实践和文本呈现等具体实践活动维护和确保公共利益，评判某一媒体对于公共利益的贡献，其在本质上参与的公共利益事件，而不是其所获得的私有经济利益。新闻媒体公共性具有多样性。一方面体现为利益多元化，媒体公共性是一件华丽的外衣，其背后存在着错综复杂的权力利益关系并受其制约，这引发出了"媒体为谁服务"，媒体、政府、商业资本以及公众之间的利益关系等问题；另一方面体现在新闻实务中，反映多方声音，提供背景材料。虽然新闻媒体的公共性植根于一些抽象的基本原则之中，但其核心表现形式却是实践的。宽泛的基本原则为新闻媒体公共性提供了理论依据；宏观的体制为新闻媒体公共性提供了生存和发展的制度背景；而话语和文本的实践则是深探新闻媒体公共性的关键之眼。

（二）公共新闻的起源

公共新闻事业的兴起源于美国媒体的私营性质和公共服务的根本矛盾。美国的私营媒体只追求公司利润，动摇了美国民主制度，使公共责任失去载体，公众不再信任媒体。"公共新闻"运动倡导者呼吁新闻记者报道新闻时还应致力于提高社会公众在获取新闻信息基础上的行为能力，关注公众之间对话和交流的质量，帮助人们积极地寻求解决问题的途径，告诉社会公众如何去应对社会问题，而不仅仅是让他们去阅读或观看这些问题。公共新闻的三个要素是倾听公众、组织讨论、解决问题，自觉给公民更多的声音，吸引更多公众积极参与。

公共新闻的出现，意味着受众不只是受众，而是公众。传媒是搭建公共对话的平台，既反映政府的声音，也表达公众的声音，搭建一个交流、辩论和理解的公共平台；以公众的需求为选择新闻内容的标准，寻找公众共同关心的问题来确定选题，媒介内容从以选举为主要议题扩展到关系社区重要公共生活的方方面面，如交通、就业、教育、经济、住房、治安等，体现公众话语权和媒体的社会责任。

（三）中国公共新闻实践

"公共新闻"在我国有较大发展空间，一方面我国媒体一贯重视参与公共生活、组织公益活动；另一方面，公共新闻是我国社会主义民主建设的需要，新闻媒体有责任发动公众关心和参与国家政治、经济建设。

1. 民生新闻热

从新闻传播领域看，"民生新闻"的兴起，昭示着媒介市民社会理念的起步，而"从民生新闻到公共新闻"的转型，体现出新闻媒介开始涉足公共领域。但民生新闻并不完全等同于公共新闻，公共新闻的内容视点放在更大范围的公共领域，重"民生"更重"民权"，努力通过新闻报道调动市民参与公共决策的权利，体现社会公众的共同价值，从而具备更强的生命力。

2. 网络的崛起

网络技术为公共新闻的发展开辟了一片新天地，因为读者和观众现在有更丰富的、可供选择的新闻来源渠道。首先，博客成为信源，提供个人经历的网络日志中不乏公共新闻的绝好素材。其次，博客成为某些重大公共话题的出口。再次，受众直接参与新闻采写、编辑、发布，博主发表意见并通过博客实现"多对多"的传播模式使"作者"和"读者"的身份界限变得模糊。

3. 公共性传媒机制建立的必要性

公共性是传媒属性题中应有之义，传统媒体公共领域一直在为实现这个理想而努力尝试，但囿于时空局限，尽管在细部有不少改进，但在整体上差距尚远。传媒公共性的缺失与公共性传媒的缺位，是世界范围的传媒危机。中国传媒具有特殊性。中国政府性质决定了政府代表公众，政府利益与公众利益是一致的，在传媒结构中，公众利益由政府代表，并通过传媒得以表现。但由于中国改革正处于特殊转轨期，政府同样具有"经济人"的人格特征，政府并不总代表公众利益，政府与公众之间不可避免地会发生利益的冲突。在既有的政府、传媒、公众结构中，公众是事实缺位的。公众缺位，具体而言就是公共性传媒的事实缺位。

三、新闻传播的监督性原则

改革开放以来，随着市场经济的快速发展，新闻舆论监督在社会中发挥的作用越来越大，越来越得到社会大众和政府有关部门的重视，但与社会发展进程和人民群众日益增长的政治、法治意识之间还有差距。如何让我国的新闻舆论监督适应时代的发展，符合大众的需求，这将是摆在我们面前的一个重要课题。

（一）新闻舆论监督的内涵及特点

1. 新闻舆论监督的内涵

所谓舆论，即多数人的共同意见。所谓监督，中国《辞海》中的解释是"监察督促"。也就是说,监督包含两层意思:一是监察,二是督促。监察的目的是发现问题,督促的目的是解决问题。由此得出,新闻舆论监督就是通过新闻媒介来揭示现实生活中存在的问题并促使其解决的一种舆论监督,就是社会各界通过广播、影视、报刊等大众传播媒介,发表自己的意见和看法,形成舆论,从而对国家、政党、社会团体、公职人员的公务行为以及社会上一切有悖于法律和道德的行为实行制约。[①]

新闻舆论监督就是舆论主体在法律赋予的权力范围内,通过一定的新闻传媒,表达和传播有一定倾向的议论、意见及看法,对社会权力(包括权力组织及个人)、公共政策进行评价与监督。从以上定义可以看出,舆论监督的主体是公众,监督的客体是各方权利组织和其工作人员,以及社会公众人物(包括记者)。而在主体和客体中所架起的"桥梁"是多种多样的。但是新闻媒体作为其中一种方式起着至关重要的作用。尤其在中国,个人或集体依赖媒体进行"舆论监督",从而诉求一种法律公正的现象非常普遍。这跟中国整体的监督体制有关,当体制内监督所起作用十分微小时,公众就会依赖体制外监督。中国媒体的职责可以分为:传播信息、宣传政策、舆论监督。因此舆论监督是媒体所要担负的一种社会责任。中国现在处于一种社会矛盾不断激化的时期,我们的公众需要一个润滑剂来缓和社会外界的一种运行机制以及价值观与个体的心理行为趋向之间的冲突。新闻舆论监督就充当这个"安全阀"的作用。

2. 新闻舆论监督的特点

(1) 监督形式的公开性

新闻舆论监督使舆论以新闻的形式进行传播,面向社会公众,以公开报道的方式表达公众意愿,反映与公众利益相关的社会问题,因而能够引起公众的广泛关注和社会参与。

(2) 监督范围的广泛性

舆论监督整个社会纳入自己的监督视野,其监督主体包括社会各阶层、组,以及一切违背公众利益的权力行为和社会行为,都属于监督的范围。

(3) 监督效应的间接性

新闻舆论监督属于"柔性监督",它是以公开披露方式提供事实依据,其本身不具有强制力。它的监督效应体现为公众强大的舆论压力,从而束缚监督对象的行为或者在舆论监督的基础上,通过行政监督、法律监督等"刚性监督"形式,制约监督对象的行为。

(4) 新闻舆论的客观性

新闻媒体不是空发议论的舆论机器,他的一切活动都必须依托于对新闻事实的客观报

---

① 蒲国. 浅论新闻舆论监督 [J]. 传播力研究,2018,(第35期):230.

道。新闻舆论应该能够超越一般社会个体或组织的立场和视野，以比较客观的、理性的立场报道和审视社会事务。在表达公众意见方面，他们更多地体现了思辨优势，经过对大量进入舆论意见信息的"筛选"与"过滤"，去掉了渣滓，提高了纯度。因此，新闻舆论监督具有较大的权威性、引导性和前瞻性，更加受到民众的期待和信任。

（二）我国的新闻舆论监督的作用

1. 评判作用

通过正当的舆论监督，把一些假、恶、丑的事物不加掩饰地再现在读者和观众面前，放在光天化日之下，让人们去衡量、去评判。这是一种强大的、积极的社会控制力量。一些逆改革开放潮流而行的人，做了损害国家和人民利益事情的人，会从新闻舆论监督中感受到一种强大的社会压力。这种舆论评判和舆论监督，有助于阻止和抑制不正确、不道德言论和行为的发生。正因为有了新闻媒体的及时准确地报道，此事件才能引起公众注意和政府有关部门的重视，瘦肉精事件有关人员能够及时落马，与新闻媒体从业人员的跟踪报道是分不开的。

2. 宣泄作用

在转轨过程中，由于结构调整而带来群体之间利益的调整，不同利益群体的人，对不同的社会现象，会产生一些不满情绪。我们应该研究人民群众的情绪，有选择地反映人民群众的情绪。在报纸上公开揭露引起群众强烈不满的消极现象，可以起到"慢撒气"的作用，避免不满情绪的积淀和突然爆发。

3. 激励作用

在媒体上开展批评，是一种诚实的表现，是一种相信自己力量的表现，它可以使读者和观众从新闻报道中感受到我们党和国家已经看到了社会生活中的消极现象，而且完全有力量、有办法逐步解决这些社会问题。正因为如此，正确的批评性报道可以激发起人民群众同消极现象做斗争的信心和勇气。

（三）我国新闻舆论监督的提升路径

在我国，通常所说的"舆论监督"与本来意义上的舆论监督有较大差别，它指的实际上是"传媒监督"，因为大众传播媒介通常被视为"舆论界"。传媒监督的对象主要是党政权力机关及其工作人员，其意见表达的方式是媒介对党政工作中存在的缺点给予批评性的报道。"舆论监督"成了"传媒监督"，在此有必要强调的是，二者实质上是存在差别的：舆论监督是自然存在的公众集合意见造成的某种效果，而传媒监督就不能不带有媒体自身的主观意图，以及媒体背后政治、经济因素对其的控制。大众传媒在理论上应代表舆论，但是否真正代表舆论，需要具体情况具体分析。[①]

第一，制定新闻舆论监督法，规范舆论监督行为。国家对此也是非常重视的，温家宝的政府工作报告，其中有这样一段话："努力建设人民满意的政府。努力提高执行力和公信力。深入推进政务公开。完善各类公开办事制度和行政复议制度。创造条件让人民批评政府、监督政府，同时充分发挥新闻舆论的监督作用。让权力在阳光下运行。"为了落实报告精神，我呼吁尽快制定《舆论监督法》!

第二，端正新闻媒体自身是完善舆论监督的关键环节。新闻媒体应坚持正确的指导思想，做到与时俱进。

第三，严把采访关，从源头上拒绝假新闻。要对新闻从业人员进行职业道德培训，端正其思想。

第四，加强舆论监督队伍建设。实行严格的管理，加强行业管理，强化自律。

我国的新闻舆论监督尚处于社会主义初级阶段，在职能权限、管理体制、人员素质等方面存在着这样那样的问题，但是只要我们国家能够加强与之相关法治建设，加强国家舆论监督队伍建设，新闻媒体能够加强自身建设，提高新闻从业人员的职业和道德素质，使新闻舆论监督充分发挥它的积极作用，那么，新闻舆论监督将会朝着有利于发扬社会主义民主、有利于防止腐败、有利于公民政治参与、有利于有效进行人民内部的自我教育的方向发展。

---

① 袁一公. 探析新闻舆论监督的科学性 [J]. 祖国，2019，(第12期): 285-286.

第二章 现代新闻传播的社会效果

第一节 新闻传播效果的构成与类型

从理论上对于新闻传播效果的研究是十分重要的，但是，在实践上对于新闻传播效果的具体测定和评估，又是极其困难的。而其最大的难度首先就在于，对具体的传播效果不容易形成一套科学而严密的价值评价体系和可以实现量化标准的指标体系。而对于任何科学研究来说，缺乏严密的评价体系和量化指标，都是不能构成严格意义上的科学研究的。为了尽量使得新闻传播效果研究走向科学化，把一直较为笼统的传播效果概念分解成一些构成要素，对于进一步具体地进行传播效果的测定，无疑是十分有效的。

一、新闻传播效果表现在影响个人方面的要素

新闻信息的信宿，归根结底在于一个个具体的受众，所以，一件新闻通过一定的媒介传播出去之后的无限扩散性的落点，也就是一个个具体的接受者。那么，新闻传播效果的发生，当然也就首先是在这些收受者们的身上显现。总体来看，新闻传播效果在个人影响方面的构成大致可以分为以下的几个方面。[①]

（一）信息知悉

首先，在新闻传播的社会信息中，大部分是一般共享性的以及无功利性的，少部分是劝服性的即宣传性的信息。共享性信息有助于受众了解自己生活的世界，并利用这些信息去认识、熟悉和适应这个世界，利用他人的经验去更好地创造新的生存环境。新闻传播如果使得广大受众得到了这种信息共享，也就取得了一个方面的传播效果。其次，新闻传播的一部分信息内容，也有关于文艺、体育、服饰、美食等物质生产以外的生活信息，这些信息可以加强受众的生活情趣的养成。受众一旦通过对于新闻传播的接受，增强了生活情趣，提高了生活质量，自然也就是新闻传播的一种收效。而在这大量的新闻信息当中，还

---

① 籍玉洁. 媒介融合视角下的新闻传播效果与受众分析 [J]. 新闻研究导刊, 2016,（第 12 期）：207.

有相当一部分是和广大人民群众的实际利益密切相关的。受众通过这些新闻和信息，能够使得自己的经济利益和社会权益得到维护和保证，这更是新闻传播效果中的重要部分。

（二）情感满足

新闻传播的某些信息内容可以引起受众强烈的情绪反应，如愤怒、厌恶、同情、爱慕、激动等。每个正常的人都是有着七情六欲的，而人在现实中生活，又常常会由于种种原因而使得自己的情感和情绪受到各种各样的压抑。受众通过对于某些新闻信息的接受，把自己的一些情感调动起来，甚至得到适当的宣泄，也是很重要的传播效果。此外，新闻传播的信息及其媒介有着许多审美方面的具体内容和成分。这些具有审美价值的内容，不仅可以使受众在当时的阅读和欣赏中得到精神上的愉悦、陶醉和满足，而且还能够通过长期的潜移默化，不断地增强审美能力，提高整体的文化素养。

（三）态度影响

新闻传播作为人类文化的一个重要部门，作为人的精神和人的灵魂塑造的一项重要的事业，努力引导公众的价值认同，尽量通过对于正确的思想观念、价值标准、人生理想等方面的积极的传播来树立广大受众的崇高的精神追求，既是新闻传播的责无旁贷的天职，也是新闻传播效果在影响个人方面的最高的境界。关于态度改变，按照传播学的一般原理，新闻传播所传送的劝服性信息，主要的作用在于增强受众的原有态度，因为一系列他们认同的信息，会使其坚信自己原有立场和观点的正确，从而使态度在程度上进一步强化。但是，新闻传播的功能，也能使受众发生态度方向上的改变。受众在一系列同其原持观点完全相反的信息流的冲击下，开始怀疑以至最终放弃自己的看法，或者由于从众心理的推动而改变了自己的立场和观点。这都是新闻传播的特殊效果。

（四）行为导引

在一定的传播环境和一些其他因素的综合作用下，受众由于一系列劝服性信息的影响，终于改变了原有的某些行为或行为定势，按照传播者所引导或肯定的方向，采取新的行为方式或产生新的行为定势。这样的传播效果，是更为显著和突出的传播效果。我们的新闻传播，在很多时候就要坚持这样的高境界的追求，虽然如前所述，大众传播在直接改变个人的意见、态度或行为方面效力相当微弱，但是，只要遵循大众传播的某些原则和规律，那么，大众传播仍然能够发挥强大的威力。尤其是按照"沉默的螺旋"模式，并遵循其传播的三个特性，即累积性、和谐性和普遍性的规则。新闻传播在人的行为导引方面还是有着较大的可能性和发挥空间的。

二、新闻传播效果的宏观社会化构成

新闻传播作为一项社会化的固定的和长久的伟大事业，其传播效果当然不能只是表现在对于单个的个体人的影响与改变的方面。从更为宏观的和长远的眼光来看，新闻传播活动对于整体的社会影响乃至对于社会历史发展的阶段性影响是不可低估的。所以，我们把新闻传播在较大的社会领域和范围所产生的效果也进行一些构成要素的细分。

（一）政治变革效果

政治宣传一向是新闻传播的重要功能，也是现代新闻传播最基本、最重要的社会职责。现代新闻机构有许多都是直接由政党或政府机关创办、经营和控制的。所以，新闻传播的政治宣传功能是显而易见的，也是在新闻事业发展的情理之中的。那么，新闻传播在全社会发生重大影响、取得重要效果，往往都是首先或突出表现在政治活动领域或政治变革运动当中的。

（二）经济促动效果

被称为传播学集大成者的施拉姆，将大众传播的功能分为三个方面：政治功能、经济功能和一般社会功能。其经济功能包括：关于资源以及买卖机会的信息；解释这种信息；宣传经济政策；活跃和规范市场；开创经济行为。随着现代社会的发展，新闻传播的经济功能日益突出。因而，新闻传播效果体现在对经济发展的影响上，也越来越明显。而且，从理论上说，新闻传播如果对经济发展毫无效力，其社会化的传播效果也几乎就无从谈起。正常状态下的新闻传播在经济发展方面一定是不断地发挥着巨大效力的。而且，这种经济方面的传播效果也照样是可以进行测量和评定的。改革开放以来，中国经济一直高速发展，与新闻媒介经济功能的充分发挥有很大关系。它不仅为我们的经济发展提供了很好的舆论环境，提供了大量的经济信息资源；而且无论在宏观的以及微观的层面上，也都对经济工作发挥了指导与促进的作用。

（三）社群整合效果

按照传播学原理，新闻传播对于社会具有重要的整合功能。而所谓新闻传播对社会的整合功能，一般是指它在社会生活中具有组织、协调、沟通和监督的功能。因而，这样的功能的实现，也就必然会产生相应的社会整体以及一定社群范围的整合效果。新闻传播对社会的部分的与全面的整合效果，是新闻传播效果的更为本质的组成部分。从更深的层次上看，新闻传播归根结底是为了实现最大范围的和最具有良性运行意义的社会整合。而新闻传播对社会整合效果的实现，主要就是通过新闻传播活动来尽量统一人们的思想，协调人们行动的步调，从而为完成某一共同的事业或任务而同心协力、团结奋斗。

所谓和谐社会就是文明法治、和睦稳定、谅解宽容的社会，就是全体人民各尽其能、各得其所而又和谐相处的社会。由于我国社会主义初级阶段的国情，决定了多种所有制形式和多种分配形式基础上的多种社会阶层和不同利益群体的长期共存。那么，正确兼顾和处理他们之间的利益关系，促进社会全面、协调、可持续发展，就成为建设社会主义和谐社会关键之所在。因此，我们的新闻传播经常以大量贴近实际、贴近生活、贴近群众的新闻报道，向公众提供信息，传递真情，传播科学，鼓舞斗志，为建设和谐社会营造良好的舆论环境，从而使我们的新闻传播的社会整合效果在更为宏观的意义上发挥得更为出色。新闻传播的社群整合效果，最终的目标是使整个社会协调发展，良性运行。

（四）文化推进效果

所谓文化，按照一般最广义的理解，指的是人类在社会历史发展过程中所创造的物质财富和精神财富的总和，或者说得更浅白一些，就是指人类在物质与精神方面的全部创造。那么，就新闻传播活动和事业而言，其对社会文化的整体促进效果又可以从两个层面上来理解。第一层含义是，新闻传播事业本身就是人类社会中的一项极其重要的文化事业。新闻传播事业的建设与发展本身也就直接构成社会文化机体的一部分。新闻事业的不断进步，与人类社会文化的前进密切相关。尤其是从现代新闻事业的发展来看，科学技术的进步推动了新闻事业的飞速发展，而新闻事业的发展又更多更快地丰富了社会文化资讯；同时，新闻传播的媒体建设以及机构和从业人员的不断发展与壮大，也标志着社会文化事业的前进。其第二层含义是，新闻传播所传播的内容也是广义上的精神文化产品。从总体上看，其中不仅有政治思想、经济建设等方面的现实的报道和舆论宣传，而且也直接进行一些哲学、社会科学、文学艺术以及娱乐休闲方面的宣传和讨论。这样的一些内容对社会文化的整体促进效果也是更为直接和明显的。

三、新闻传播效果的类型

以上对新闻传播效果的具体构成的描述是着眼于新闻传播效果的内部结构；而对新闻传播效果的分类则是着眼于新闻传播与社会的外部的关系，是从不同的角度上看，新闻传播对于整个社会以及各社会成员又分别有哪些不同性质或不同程度的作用。对新闻传播效果的分类，理论界和一些专家都已经做过许多有益的尝试。他们按照不同的方法和划分标准，对新闻传播效果进行了多种分类。[①] 如按效果显现状态分，可分为显性效果和隐性效

---

① 喻捷. 大众新闻传播之中的效果研究［J］. 速读（中旬），2016，（第1期）.

果；按效果显示的速度分，可分为即时效果和延缓效果；按效果存在的时间分，可分为暂时效果和持久效果；按效果的社会影响分，可分为正面效果和负面效果；按信息内容和指向分，又可分为规范效果、确认效果、共鸣效果、理解效果、享用效果；而按信息影响社会领域和个体精神的状况分，还可分为沟通效果、宣传效果、教育效果、艺术效果等。另外，也有人按照效果的反映形态分，将其划分为单一型效果和复合型效果、鼓动性效果和内化性效果，或者模仿性效果与规范化效果。

以上所罗列的这些类型，从字面上看并不难理解，而作为理论上的分析，又将其归纳为两大类。这两大类型可简单地称为直接效果与间接效果。

所谓直接效果就是对于某些新闻传播活动和内容，反应比较直接的、单一的，甚至是即时报偿的新闻传播效果，也就是偏重于微观意义上的效果。这样的效果一般也被称为显性效果。也就是说，这种传播效果不需要其他社会因素的介入，是由新闻本身引起的直接的和显而易见的反应。这种传播效果往往能产生连锁性的再传播，由此及彼地迅速连动。所以这是需要新闻传播者特别关注和把握的一种社会效果。一般来说，以下的三类新闻传播内容最容易产生直接的传播效果。一是事件性新闻。事件性新闻是反映具体的社会变动的新闻，与社会公众的关系十分密切，可感性强，冲击力大，因而容易引起人们的普遍关注。尤其政治事件、突发性事件和一些社会纠纷事件等。二是问题性报道。问题即矛盾，尤其在现实生活中，问题主要表现为某些社会现象的应有状态和实际状况的差距。差距越大，矛盾越大，问题越突出，而人们关注的兴趣和程度就越高。三是批评性报道。这是对社会现实中的缺点错误直接进行批评和揭露的报道。这类报道因为针对性强，很多时候可以收到立竿见影之效。对这一类传播效果的研究，其理论基础是所谓"心理动力模式"，该模式认为有效的信息传播旨在改变个人的内在心理结构——包括注意、认知、态度、动机和学习记忆等，从而才可能进一步改变其外在行为，以符合传播者的意图和目标。所以，新闻传播要想取得对个人以及社会改变上的迅速直接的效果，必须首先从受众的"注意"阶段开始，努力以最佳的手段和最快的速率改变其认知方式和态度，以便更好地追求传播的直接而显著的效果。

所谓新闻传播的间接效果就是指新闻传播活动对于社会及个人所发生的较为间接的、综合的，或者潜移默化的效果。它较偏重于宏观意义上对全社会和人的整体精神所达到的效应。因而更多的情况下，间接效果也表现为一种隐性效果。它具有潜在性、隐蔽性以及递增性等特征。对新闻传播的宏观效果或隐性效果的研究，可主要运用"社会文化模式"作为理论依据。该模式认为，新闻传播媒介之所以能够产生远期的深度效果，是因为它们所发出的信息足以为受众提供一种世界观和方法论，其信息的整体的以及部分的意义不断对整个世界和社会进行着深刻而全面的探索和解释。在具体的一系列的传播活动过程中，新闻媒介往往通过有选择地提供具有倾向性的事实材料告诉受众：什么是社会所赞同和认可的价值、信仰和规范，什么是社会公德和社会准则所要反对或制裁的观念和行为，从而弥合"个人态度"和"公共道德"之间的差距，对现实社会的基本文化取向产生积极的、正面的影响。同时，"社会文化模式"也认为：如果新闻传播媒介对传播的内容和形式在把握上出现宏观失控的话，那么也极有可能导致对社会文化的取向产生消极的、负面的影响。特别是新兴的电子媒介诞生以后，其传播效果往往可能产生两极对峙、同生共现的复杂状况。所以，对新闻传播的隐性效果必须严格地预测和监控，以在根本方向上有利于社会文化的健康发展。

有人认为，新闻传播的隐性效果主要表现在以下三个方面。[①]

（一）文化知识的积累

任何形式的新闻传播，本质上都是一种文化传播。新闻受众在接受某种新闻信息的同时，也必然接受了一定的文化信息。而新闻信息中又总是携带着大量的知识性内容，这更是不言而喻的。所以，新闻受众对新闻信息的接受，往往就积累起了相应的知识。21世纪人类社会已经进入了知识经济时代，信息膨胀、知识爆炸，而这大量的新信息、新知识的传播，又主要依靠新闻媒介。人们在知识经济时代接受终身教育的渠道，实际上也只能主要依赖新闻传播。如人们对纳米技术的了解，对基因知识的了解，大都是通过新闻媒介获得的。受众通过新闻媒介不断积累文化知识，也就同时在不断增强着人的文化素质。这样的过程是长期的、渐变的，又是新闻传播的最重要的宗旨之一。

（二）对人的思想行为的潜移默化

新闻传播的主要任务和传播方式是向人们告知事实。而新闻传播在明里向新闻受众告知新闻事实时，又常常含有某种"暗示"，即在所告知的事实之外，暗示性地引导人们应该怎么想、怎么做。尤其也在宏观意义上暗示某种思想行为的社会化模式。那么，这种暗示的意义对受众的影响往往是更为潜在的。一个人在思想观念上的变化不可能是一朝一夕的事，它是需要在一点一滴的积累中由量变而发生质变的。新闻传播对人的思想行为方式的塑造，永远是最艰难的过程，也正是在这样的意义上，人们才把新闻传播者称为"人类灵魂的工程师"。

（三）对社会进步与国家发展的影响

新闻传播的更为重要的潜在效果还突出表现在对国家发展与社会进步的根本影响上。专门研究大众传播与一个国家的政治、经济和社会发展的关系的科学，被称为"发展传播

---

① 杨俊波. 探究网络新闻传播效果评估作用及方法 ［J］. 西部广播电视，2020，（第23期）：86-88.

学"。这一研究已经受到许多传播学者的重视。而新闻传播对于国家社会的发展的影响也主要表现为间接的和隐性的。尤其是在国家政治、经济基本处于良性运行状态的时期，新闻传播对于社会发展的宏观的与整体的影响更是平稳的、不易察觉的。当然，新闻传播也经常会直接影响社会的政治和经济的明显的发展与变动，但那就是属于直接效果的范围了。而新闻传播对社会发展的长久影响则只能是一个非常漫长的过程，很多时候是要在一个相当长的历史阶段之后才能显现出来的。所以，新闻传播对于社会发展具有深层的导航作用。理论界对新闻传播效果的研究还经常重点谈论正面效果和负面效果的问题，这对于一个新闻传播者来说并不是难于理解的现象，况且在后面的一些章节中也将有所涉及，所以在此就不再作具体的分析和论述了。

第二节　新闻传播效果提升的途径

从定义和内涵上说，传播效果是一个极其丰富的概念。无论是西方还是中国，学者和研究者都对此有很多不同的界定和解析。但是一个无可置疑的全球性共识是，提高传播效果是一切新闻传播活动的最终目标和根本归宿。效果研究中的议题设置理论认为，没有进入媒体议题设置议程的事件，对于绝大多数受众而言，相当于是不存在的。按照这种观点，可以说没有效果的传播也相当于是不存在的。正因如此，如何提高新闻传播效果一直以来都是全球尤其是传媒高度发达的西方国家最热门的研究方向之一。我国学者经过多年的努力，也逐渐形成了一套自己的体系。

一、影响新闻传播效果的主要因素

新闻传播是传收信息的过程。而新闻传播过程的开展离不开传者、受者、信息、媒介四大要素。因此，影响新闻传播效果的主要因素也应该从传播的流程和结构中去寻找。新闻传播是一个动态的系统，其中各种因素不但受到自身和社会因素的影响，同时各因素之间也存在着这种制约关系。而这种种因素都会最终影响到新闻传播的效果。具体来说，主要有以下几点。①

（一）传者因素

对于大众新闻传播来说，传者主要是报社、电台、电视台等新闻机构。他们是新闻信息的发布者和最重要的"把关人"。传者的自我形象、个性特征、工作环境、社会环境以

---

① 翟忠善. 融媒体时代优化电视新闻传播效果的可行路径 [J]. 新闻文化建设, 2022,（第 3 期）: 98-100.

及来自媒介内容的压力等都会影响传者对于新闻的把关，从而影响传播效果。传者的自我形象，主要是指传者自身所塑造的在受者心目中的形象，通俗地说就是传者的知名度和美誉度。在传媒竞争日益激烈的今天，传者的声誉显得越来越重要。传者的个性特征和个性结构是影响传者形象的主要因素，主要涉及记者、编辑的个性、素养和喜好，如思想开放还是保守，写作上喜欢怎样的文风，知识素养和逻辑思维能力如何等等。而传者的社会环境是最为复杂的因素，涉及政治环境、经济环境、法律环境、文化环境、国际环境等。传播作为社会的一个子系统，其效果的发挥与这些社会环境密切相关。

（二）信息因素

信息因素当然就是传播内容因素。信息是传者与受者之间相互联系和互动的基础。新闻传播的效果归根到底取决于新闻信息本身的内容质量。传播内容是否具有较大的新闻价值，是否具备时新性、适宜性、真实性、重要性、亲近性、趣味性等，形式上是否为受众喜闻乐见，都决定了新闻传播的效果。重大突发事件、自然灾害等新闻事件总是能获得更多的关注。一些形式新颖的栏目也往往能在短期内迅速蹿红，如《焦点访谈》和《实话实说》，由于其节目形式在当时都是全新的，因此从第一期起就收到了良好的社会反响并一直持续多年。

（三）媒介因素

媒介作为新闻传播的渠道和新闻信息的载体也是影响新闻传播效果的重要因素之一。不同的媒介具有不同的特点，由此具有各自的优势和劣势。同样一条新闻，在报纸上刊登和在电视上播放会产生不同的效果。而在网络高度发达的现代社会，互联网往往可以使新闻传播发挥更快、更广泛的效果。

（四）受者因素

受众是新闻传播的接受者和传播效果的评判者。作为具有独立思想的人，受众十分复杂，是影响传播效果最重要、也是最难以把握的因素。受者的气质、接收信息的喜好、预存立场等都会影响受者选择什么样的内容以及接受什么样的信息。这其中最关键的因素是预存立场。在对信息的接收中，受众会发生选择性注意、选择性理解和选择性记忆的过程。其中选择的标准就是预存立场。受众倾向于接受与自己预存立场相同或者相近的信息。因此，那些与受众预存立场不符的信息很难得到受众青睐，取得好的社会效果。

值得注意的是，传受双方所处的社会环境并不一定完全相同，而由于传受双方所处的地区甚至是地段的不同，也就往往会对新闻信息产生不一样的理解。因此不难理解为什么同样一条信息，不同地区、不同社会阶段的传播效果会有很大不同。这提醒我们，要提高传播效果，必须设身处地地考虑目标受众的社会环境，不仅仅是大的宏观环境，还应该细化到地区、地段等细小环节，而不是单纯地从自身的社会环境去考量受众所处的环境。

二、动态多层面地提高新闻传播效果

由于一切新闻传播都是传者、信息、媒介和受者四个方面互动的过程，因此，从总体上来说，要提高新闻传播效果就应该从这四个方面去做努力。具体而言，大致包括提高传播者的声誉、重视受众、改进传播的内容形式、改进劝服的方法等等。但是，从实际的传播过程来看，对于媒体和社会而言，提高新闻传播效果又主要包括提高单个新闻或节目的社会效果和提高新闻事业对整个社会引导的有效性两个层面。尽管后者在某种程度上是建立在前者的基础上，但是两者仍有着很大区别。前者是将新闻作为一个个的单位个体，涉及的主体主要是新闻传播机构和其目标受众，我们可以将这一层面称为微观层面。日常传播中常常提到提高新闻传播的效果，主要就是指该层面的含义。而后者将新闻作为一个与其他事业相对应的整体，其效果评价主要是面对整个社会的影响而言。我们可以将这一层面称为宏观层面。如果说微观与宏观之别还主要是从横向上观察新闻传播的结果，那么，从纵向上看，由于新闻传播是一个动态的发展过程，因此提高新闻传播的效果也必然是一个动态的过程，我们有必要动态地、多层面地来把握提高新闻传播效果的方法。①

（一）微观层面：提高单个新闻或节目的社会效果

1. 加强策划和预测

策划，通俗地讲，是遵循新闻传播规律对新闻报道的展开或节目播出所做的有创意的规划和设计。包括确定选题、报道规模、报道形式、实施方法、节目播出的程序、可能遇到的问题及其解决方法、节目播出各阶段的应对措施等等。所谓预测，在这里主要是指对新闻报道和节目播出后社会效果的大致估测，这种估测的结果可以为策划提供指导。策划和预测相结合，能大大提高对新闻和节目效果的控制力，从而使其社会效果按照预期的方向发展。在一些重大新闻事件报道中，策划和预测十分重要。值得注意的是，策划和预测并不仅仅限于新闻传播的前期，而应该贯穿在整个新闻传播的过程之中，即随时根据实际情况对新闻报道和节目播出进行下一步的策划和预测，保证整个传播过程都在可掌控的范围内。

2. 提高有效信息量，注重信息的梯度开发和组合开发

扩大信息量既是当今受众的客观需要，也是传媒机构竞争的重要砝码，信息量的大小

---

① 马颖君. 数据新闻的传播效果影响因素研究［J］. 新媒体研究，2022，（第 5 期）：18–20，44.

和质量直接关系到新闻传播效果的大小和好坏。要加大信息量就必须提高有效信息含量。充斥大量无用信息的报道只会令受众感到厌恶。因此在报道新闻时，首先要坚决摒弃那种无信息含量的所谓"信息"，摒弃为了凑版面而不顾质量的做法；其次，新闻要扣住实际，能短则短，做到精而简练，不能一件小事就写得洋洋洒洒，一个动作就拍得没完没了；再次，要充分调动每一种传播手段，发挥多符号传播优势。

信息的梯度开发和组合开发是提高信息质量的有效途径。我国新闻报道大多数都是等到事情有了结果再写一篇新闻作全面概括，这导致报道时效性差。必须加强信息的梯度开发，变一次性的终端报道为"事前有预测报道，事件发生后有动态报道和追踪报道，事后有反馈总结报道"这样分阶段的连续报道。信息具有组合性、运用的多角度性和扩缩性的特点，这要求我们要注重信息的组合开发，加大深度报道、连续报道、组合报道和全方位报道，灵活利用文字、图片、声音、图像等多种传播元素，让信息以深入、全面的形态出现在受众面前。

3. 着力塑造品牌形象

现代营销学认为，品牌是指用以识别自身的产品或服务并与竞争对手相区别的名称、术语、符号、图案，或其综合的体现。品牌资产能够加强消费者的忠诚度，吸引新的消费者，使相关产品或服务盛行于竞争环境，这又会使一个品牌在较长时间内获得持续的、可预测的市场份额，即所谓强者恒强。良好的品牌形象是媒体稳定和扩大受众群、获得较好的社会效益和经济效益的基石。新闻报道和节目要想赢得受众的好感和关注，离不开所在媒体品牌力量的支持。在媒体竞争激烈的今天，新闻节目品质的优劣一直被看作是能否制胜的关键。"内容为王"更是被新闻工作者所推崇。一档个性鲜明的节目设置，创意新颖的节目形态，新鲜体贴的信息服务，无疑是会受到群众欢迎和喜爱的。按照市场营销学的观点，实施 CIS（企业识别系统）是企业品牌塑造的上佳选择。CIS 包括理念识别系统、行为识别系统和视觉识别系统三个子系统。对于新闻媒体而言，理念识别与节目中所折射出的独特的新闻理念和价值取向。行为识别系统主要指媒体对外所表现出的凝聚力以及对外宣传活动、公益活动等。视觉识别系统包括报头、报徽、频道台标、背景设计、主持人风格、字幕设计等。因此，新闻媒体应该至少从上述三个方面着手，积极开发自己的品牌之路，拟订简练鲜明的形象宣传语，制作精美传神的形象广告，力求在新闻报道和节目中贯穿自己独特的理念和价值观。在具体的新闻报道和节目制作中，应大力开发品牌的力量。

（二）宏观层面：提高新闻事业引导社会的有效性

新闻传播具有传授信息、整合社会、传承文化、娱乐身心等功能，新闻事业通过这些功能创造健康良好的社会环境，帮助人们提高自身的素质，使社会拥有越来越多的具有良好知识结构的公民，促进社会的良性发展、稳定和文明程度的提高。这些都是新闻事业引导社会的表现。提高新闻传播效果，从宏观上看，就在于提高新闻事业引导社会的有效性。

1. 建立透明公开的信息传播机制，减小社会震荡

新闻事业常常被称为"社会的守望者"，守望社会的疾苦、灾害、不平。然而，这种"守望"的实现必须以相对透明的传播环境为前提。政府信息公开对于保证民众知情权和媒体的采访权，提高新闻事业对社会引导的质量有重要意义。

在我国，信息公开，首先指政务公开，政府行政行为公开，支持媒体问责政府，批评政府和官员的缺点错误。其次，要尽快完善新闻发言人制度。政府新闻发布会属于丰裕度高的传播渠道有效地影响公众态度，同时，它还是一种两级传播模式，能构建一个全方位覆盖公众的传播网。这使政府、媒体和公众能够保持一种良性互动，保障新闻事业功能的最大限度发挥。尤其是在突发事件日益频发的今天，政府还应尽快完善公共危机管理机制。总之，信息的及时公开，是保证社会安定和谐的重要举措，而新闻传播则是最主要的渠道。

2. 提供真实、公正、充分的信息，平衡各群体利益

信息是意见构建的基础，良好的舆论首先依赖于信息的真实、公正和完整。需要注意的是，信息的真实并不仅仅是指单个事件的真实，还必须是整体真实。有些新闻报道就单个事件而言是绝对真实的，然而，如果放到大的社会环境中，就会发现它偏离了社会真实。同样，媒体在报道时，还应注意信息的公正性，努力平衡不同的利益群体。在宣传解释政策、报道政策贯彻执行时，尤其要注意信息的过滤、整理和解析，对政策意义的解释要充分、深入，帮助不同利益群体正确把握政策，采取恰当的行动，为社会营造良好和谐的氛围。

3. 增强宣传的艺术性，淡化宣传色彩

新闻媒介既传播新闻，也从事宣传，中外皆然。在我国，由于政治体制和新闻体制的原因，新闻媒介充当着更多的宣传角色，新闻事业对于社会的引导也常常是通过宣传来实现。因此，增强宣传的艺术性，使其得到受众的理解和认可，也是提高新闻事业引导效果的有效途径。此外，增强宣传中的人情味和亲切感也是重要的技巧。新闻传播者如果能够通过各种方式与受众建立较为特殊的和主动的思考，对媒介信息进行恰当的解析，从而得到积极的效果。

三、努力减小新闻的负效果

新闻传播的效果并不都是正面的，而是存在着正反、好坏、强弱和高低之分。要谋求新闻传播最好的社会效果，就应该努力避免负面效应，减小新闻的不良效果。对于新闻媒体而言，首先必须树立全面正确的社会效果观。在我国，虽然传媒市场化进程正在提速，但是社会效益仍然是首位的，应坚决摒弃那种为了追求经济效益而不顾社会效益的行为。由于事物所具有的多义性，新闻事件所表现出来的多主题性，使得某些不在人们的主观选择之内的问题和想法，最终通过事件或报道本身无意识、间接地表达出来，成为影响受众的隐性导向因素。目前一些媒体对这方面往往缺乏认识和重视，所以这样的问题常常会表现出来。媒体人员在采写新闻时应多进行换位思考，跳出自身的思维局限，站在受众的角度来分析一下所采写的新闻中可能含有的隐性的负面导向因素，并尽力避免出现在我们的新闻报道当中。

此外，媒体应建立相应的把关机制、内部审查制度和科学有效的评价体系。主动对传播内容进行分析，根据受众反馈及时摒弃可能造成负效果的因素，加强对不良导向问题的防范意识，同时加强对新闻从业人员的相关教育，以新闻自律来抵制负效果。那么，如何优化传播信息的内容及其表现形式，以下几方面的经验值得借鉴。第一，与受众利益和心理需求的相关性。新闻信息所提出的问题，能够使受众感到这正是自己心理上某种不平衡状态的反映，或者正好解决了自己认识上的混乱问题，这样才能被受众喜爱并乐于接受。也就是说，新闻传播者所选择和传播的新闻，必须让受众感到是与自己的利益和需求息息相关的。这种相关性首先就大大拉近了新闻与受众的感情上的距离，使他们对信息的接受过程是完全主动自觉的，而不是被强行灌输的。受众通过对这样的新闻信息的获得，在心理上得到了最大的满足，这就是信息内容取得最好传播效果的一个重要方面。第二，揭示事物的矛盾性。新闻对社会现实的反映，只有从更深的层次上抓住了事物的矛盾运动及其发展趋势，才具有最大的新闻影响力。长期的新闻传播实践证明，受众最欢迎、最感兴趣的是那些真实地、深刻地反映了事物内在矛盾性的新闻作品，尤其是那些从根本上揭示出了某些事物矛盾运动的最深层奥秘的新闻力作。因为从哲学的角度来讲，事物内部的矛盾最能体现该事物的本质。新闻作品从根本上揭示了事物的矛盾性，自然也就反映出了该事物的本质真实。而这种本质真实通常总是被掩盖着的，受众从事物的表面往往是很难认识清楚的。新闻传播者以自己独具的敏锐，把事物的矛盾暴露出来，既帮助受众认清了其本质，又在一定程度上提高了受众对事物本质认识的能力，增长了受众的智慧。这当然是最佳的传播效果。第三，表现思维的新异性。所谓思维的新异性，主要是指思想方法和思维方式迥异于通常的和旧有的方式与方法。面对飞速发展的社会历史和日新月异的大千世界，人们的思想观念需要不断地加以更新，而人们的思维方式更需要不断地有所改变。新闻传播者在传播新闻事实的同时，也要尽量采用适合于新的时代特征的思维方式去观察事物，反映现实，要敢于打破人们习以为常的思维定式和心理惯性，从而更及时地甚至更具有超前性地认识和表现社会生活的崭新面目。这样，才能使得新闻内容和表现形式具有时代的活力，也才能具有更为正面的新闻感召力。

第三节　新闻公信力与新闻传播效果

随着新闻传媒事业的发展，媒介公信力正为越来越多的人所重视。在这样一个媒介化了的世界中，公众是否接受被传播的信息，与承担传播任务的新闻媒介是否被公众信任有直接关系。新闻媒介的公信力作为一个重要的话题被提出并一再得到强调。公信力是大众媒介最主要的竞争力，是媒介生存、发展、获得经济效益和社会效益的重要前提，媒介要获得良好的传播效果，首先要有很高的公信力。

一、国内外对于新闻媒介公信力的研究和观点

公信力来源于英文词汇 credibility，学界一般认为，公信力最先是西方政治学中的一个概念，是指领导者获得其选民信任（trust）和信心（confidence）的能力，后被引入传播学。媒介公信力评价是公众通过社会体验所形成的，是对于媒介作为社会公共产品所应承担的社会职能的信用程度的感知、认同基础上的评价，而媒介公信力则是指媒介所具有的赢得公众信赖的职业品质与能力。"公信力"和"可信度"在英文词汇中都是 credibility，但是却是两个不同的概念范畴，理解公信力，必须从媒介与公众的关系角度来考虑。[①] 公信力这个概念常常和"公众信任"联系在一起。公共信任意味着媒体被依赖，被相信，成为公众的依赖。

此外，西方学者对媒介公信力的研究基本涵盖了媒介的新闻表现、媒介行为、新闻可信度、新闻从业人员的职业道德规范、受众的媒介使用特征等，成为一个多维度、多向延伸的研究领域，研究的问题包括媒介公信力的组成、影响媒介公信力的因素、衡量评价媒介公信力的指标、构建提升媒介公信力的途径与方法等。就其本质来说，公信力应该是一种心理指标。国内学者一般认为，媒介公信力是指传媒能够获得受众信赖的能力，它通过传媒及其提供的以新闻报道为主的信息产品（包括广告）被受众认可、信任乃至赞美的程度而得到反映。当然，公信力不是传媒与生俱来的品质，而是体现在媒介长期的传播实践当中。因此，新闻媒介公信力的构建是一个长期系统的过程，同时这个过程也是塑造媒介品质的过程。

---

① 宋兆宽，宋歌. 新闻舆论传播力、引导力、影响力、公信力的概念辨析［J］. 采写编，2018，（第3期）：31-33.

二、媒介公信力的生成机制

公信力是怎么形成的？解决好这个问题，有利于媒介从源头以及各个环节进行相应的控制，以更好地实现有效传播，提高各自的公信力。媒介公信力的产生是媒介框架与受众框架的重复博弈，这里首先对媒介框架和受众框架的含义以及两者的关系进行论述，然后分析公信力如何在这两者的博弈活动中产生。框架就是人们将社会真实转换为主观思想的一种基模，就是人们或组织对事件的主观解释与思考结构，是理解社会行为或处理事情的一套原则，人们借由框架来确立情境的意义。所以，框架是个人或组织对事件或信息的设定、认识、辨识和标示。那么框架是如何来的呢？一方面是源自过去的经验，另一方面经常受到社会文化意识的影响。

媒介框架是新闻媒体或新闻工作者个人处理意义信息时所依赖的思考基模，也是解释外在事物的基本结构。媒介框架其实就是一种意义的建构活动。新闻工作者将原始事件转换为社会事件，并在考虑此事件的公共性质与社会意义后，再将其转换为新闻报道。在此转换与再转换的过程中，新闻工作者一方面以自己的经验（框架）将此事件从原有情境中抽离，另一方面则将此事件与其他社会意义连接，产生新的情境意义。受众框架是指受众在接触媒介时，他们的认知基模会影响对新闻报道内容的选择、解读与判断。也就是说面对新闻媒介，受众并不是被动接收，而是有自己的认识框架来对新闻内容过滤，从自身的框架对新闻报道的真实性、客观性、人文关怀等方面进行诠释。

媒介框架的内涵结构包括媒介组织框架、新闻个人框架、文本框架三个部分。媒介组织框架是指新闻工作者中所制定的一系列惯例与程序，决定了社会事件是否会被选择和报道，是媒介的一个框架机制。新闻个人框架包括记者和编辑两个部分，是指新闻工作者受到自身认知结构影响，自有一套常人理论，一是据此制定工作目标，二是受制于这些认知结构，无法摆脱这种自我成见的限制。文本框架是指新闻写作文本是一种语言意义的建构过程，语言与其他符号信息是对社会真实的转换，在这个过程中文本本身有一个框架。也就是说，媒介框架事实上是经过三个子框架作用的结果。这样，客观世界的真实最后形成新闻报道的流程是：客观真实——媒介组织框架——记者个人框架——文本框架——编辑个人框架——新闻报道。

受众框架对于新闻报道内容首先是过滤式的选择，对于完全与框架要求不相符的内容不予选择，而对于其他内容有一个同化或改造的步骤，即与自身框架一致的内容进行吸收与同化，对于与自身框架不一致的内容，进行改造。然后，受众框架对报道产生意义的诠释，并影响更深的心理层次与媒介的消费等行为。反过来这些行为又影响到媒介框架。

因此，新闻真正形成不是在媒介报道之后，而是在媒介框架与受众框架共同作用之后。也就是说，一则新闻实际上是经过媒介框架和受众框架的互动后，才产生意义的。一系列的媒介框架和受众框架的互动，就构成了整个传播过程。社会事件经过新闻媒体的框架化报道后，由客观真实变为了媒介真实。在媒介框架后，媒介真实不可能完全是现实的翻版，媒介真实和客观真实是有差别的。然后，在传播过程中，媒介真实又经过受众的框架化，变为了受众接收的真实。[①] 这样，就存在着客观真实、媒介真实、受众真实三个方面的关系。

受众对媒介的客观、公正等公信力维度方面的评价，并不是在媒介真实与客观真实之间的对照，它的作用机理是媒介真实与受众真实的对照，也就是受众框架对媒介真实的评价。受众框架对媒介真实的评价在两个层面上：一是在事实层面，通过受众框架自身对客观真实的诠释，对照受众理解的媒介真实，从而判断在基本的真实层面上媒介是否真实。二是在价值层面上，受众框架对媒介真实的基本价值理念的判断。因此，换言之，公信力的产生其实就是通过受众框架和媒介框架的反复博弈而形成的。

通过媒介框架与受众框架的重复博弈产生的媒介公信力也有一个纵向的发展历程，归结为以下三个阶段。

（一）计算型阶段

受众框架与媒介框架的博弈是一种理性的计算。在这一阶段，由于受众无法预期媒介的表现，是否信任，还需要通过与媒介解除后的认知来判断。对处在这一阶段的媒介来说，它的第一次表现可能都会影响到公信力的高低。由于受众对公信力的每一次接触都是一次媒介框架与受众框架的信任博弈，媒介框架与受众框架的每一次不一致都可能影响到受众对媒介公信力的评价，成为一个公信力的破坏因素。

（二）了解型阶段

第二个阶段是建立在受众对媒介有了前期的了解基础之上，受众对于媒介的信任不需要在接触之后才能作出判断，对于媒介的未来行为有一定的预期，能够预见到下一步的媒介表现。在这个阶段，媒介与受众之间建立的一种相互可预测的信任关系是稳定的，不会因为媒介框架与受众框架某一次不一致而受到影响。

（三）认同型阶段

第三个阶段也是最高的层次阶段，在这个阶段，受众对媒介的理念和偏好高度认同，把媒介当成自己的一样，能够分享媒介的成功，并且主动地替媒介思考，甚至为媒介做出行动。如果要想传播得到好的效果，第三阶段是每个媒体应当追求的目标。

---

① 潘国红．公信力生成机制探析［J］．人民与权力，2016，（第1期）：35-38.

三、提高新闻媒介公信力的对策

面对上述情势，要保持我国新闻的可持续发展，我们有必要建立新机制、采取新措施，不断提高新闻界的形象，增强传媒公信力。

（一）加强新闻工作者的职业道德修养，强化新闻职业规范

职业道德素质是新闻媒介和新闻工作者社会信誉的保证。新闻报道具有极强的公共性。没有高度的职业规范和职业道德水准，新闻媒介和新闻工作者必然会缺乏社会公信力，而没有社会公信力的新闻机构或新闻从业者最终必然会遭到社会的唾弃。新闻记者的角色认知和职业意识是影响传媒发挥舆论引导、社会整合功能的重要决定性力量。媒介要加强新闻工作者的职业道德修养教育，提高思想认识，为完善规章制度、构建制止虚假新闻、重塑媒介形象的长效机制打好思想基础。[①] 媒介要常年不懈地对新闻工作者进行职业道德教育，坚持用马克思主义新闻观指导工作，通过不断学习，强调扎扎实实的采访作风，宣传正确的新闻职业意识来提高新闻工作者职业道德的整体素质。

（二）媒介自省，进一步完善考核制度

各新闻单位要制定相关的考核制度和规定。现在很多新闻单位对采编工作的考核都是实行量化的记分制度，这样的制度本身没有错，但是，如果过于依赖这样的制度，也容易引导个别记者、编辑做出一些急功近利的行为。在坚持和完善现行的考核记分制度的同时，媒介还应该强调对记者、编辑全年的综合考核，这样的全年考核也应该将记者、编辑在本年度是否编写了虚假新闻列入其中。从而激励记者坚持真实、全面、客观、公正的报道原则，坚持深入细致的采访作风，认真核实消息来源，确保新闻事实准确，杜绝虚假不实报道。要尽量减少采编人员用电话采访，强调记者到现场采写新闻。原则上要求记者提供电话录音存底，以便于相关编辑及时核对和媒介日后自我查对。重大新闻的采访应该多个记者采写，然后综合对比，形成稿件。在原有规章制度的基础上，进一步完善相关规定，从采访、编辑、校对、审读、阅评等环节进一步规范管理，落实防范措施。努力做到内部防范和外部监督相结合。严格稿件分级审核制度和编辑责任制度，严格执行报道实名制和回避制。同时，不断创新方法，促进编读互动，强化社会监督，完善公开纠错机制。

（三）行业自律，弘扬新闻专业主义精神

专业主义的职业要求是客观、公正、平衡的报道方式和实事求是、通情达理的评论方

---

①　樊淑琴．网络热点事件中反转新闻的负效应及对策［J］．新闻爱好者，2017，（第5期）：45-48.

法，这是新闻媒介的报道和评论获得公信力的有效途径。新闻专业主义要求新闻报道活动必须恪守新闻规律，符合"真实、客观、公正、全面"的专业标准，并且行业内形成良好的氛围，形成互相监督、良性竞争的行业态势。新闻专业主义以追求事实真相和真理为目标；客观性原则要求我们在报道新闻时力戒夸张、夸大和炒作，最大限度地将事件的原貌提供给社会；公正性原则要求新闻报道必须兼顾新闻事件所涉及的双方的权益，特别是在批评性报道中，应该给予被批评方以充分的发言和辩白的机会，以防止由于主观的偏向造成失实和伤害；全面性原则要求在报道新闻事件时要对它的普遍性作出正确评价，不能以偏概全，把孤立的社会事件误导为普遍的社会现象。上述几项原则构成了新闻工作的职业精神。这种职业精神的本质就是对国家负责、对社会负责、对报道对象负责、对新闻受众负责。这种对新闻原则的态度是媒介公信力的来源。一旦新闻行业内部形成抵制诱惑，恪守新闻规律，坚守新闻专业标准，彼此之间相互监督、相互促进，整个新闻行业在受众心目中的形象就能得到提高，媒介公信力的整体水平也就得到了相应的提高。

四、完善社会监督和立法，加强道德规范和法律约束

业界人士认为，造成大众传媒公信力缺失，其终极原因应该从媒介管理和监督制度本身存在的缺陷中去寻找，而不应仅仅局限于媒介的种种行为表现。大众传媒是在制度中生存的，其表现行为由制度所决定，媒介行为的无序与错乱，实质是媒介管理制度和监督制度缺陷的间接反映。

从目前我国媒介在职业道德方面的监督来看，对记者的监督主要是依靠传媒自身来执行的。然而，由于媒介本身也是利益单元，所以仅靠媒介的自律是不够的，还应当对新闻媒介及其从业人员进行社会监督，即建立和完善监督机制，加强对新闻媒介和记者的道德规范和纪法约束。一个健全的、和谐的社会离不开媒介及其公信力，媒介的公信力需要用制度来捍卫。完善监督机制，并在完善相关制度的基础上，尽快制定有关法律，方可避免新闻的权钱交易，从根本上提升媒介公信力。

总之，在媒介竞争日益激烈的今天，公信力已作为一种无形资产而成为各大媒介在竞争中取胜的重要砝码。同时，媒介自身对公信力的关注，也是对其在竞争中出现的一些不良现象的匡正。在我国目前新闻法规还不健全的情况下，强调公信力，也可为媒介争取到一个更为良好的生存环境，从而取得更大、更好的新闻传播效果。

第四节　主流媒体的国际传播力提升路径

一、全力打造"四全媒体"

"四全媒体"即全程媒体、全息媒体、全员媒体、全效媒体。信息无处不在、无所不及、无人不用，"四全媒体"从概念到范畴，全面、深刻地总结了当下传播生态与媒体变迁的基本规律与趋势。① 以"四全媒体"为基本框架，有助于打造新型主流媒体，快速推进媒体融合进程，提升主流媒体国内外的传播力。

（一）全程媒体重构信息生产与传播流程

全程媒体从时空维度，突破传统媒体原有产制周期长、选题策划分散等局限，要求媒体全程关注大众关心的新闻事件，通过广播、电视、客户端、社交媒体、短视频网站等全媒体方式介入事件的全程，将传统媒体与新兴媒体的传播规律进行有效把握与结合，对新闻事件展开及时性、连续性、深入性、关联性、全方位的解析与报道，做到有始有终，长短内容结合，即时报道与深度报道结合。另外，可借助新兴技术手段，将 VR、AR、大数据、可视化等手段融入内容生产，亦可借助客户端、社交平台等搭建新兴互动空间，使主流媒体的信息传播更加高效、透明，舆论引导的力度与强度不断得到提升。新技术、新平台融入信息生产，对原有信息生产与传播流程进行重构，无论在传播时效，还是在内容生成与形式上都提出了全新的要求。

此外，作为全程媒体，更需要更新原有的单向传播理念，将用户的反馈、传播主体与用户的互动等有效信息融入信息生产与传播的全流程中。

（二）全息媒体最大限度地拓展信息传播手段

全息媒体从物理维度，突破传统媒体以文字、图片、声音、影像等为主的信息表达方式，通过在内容生产过程中，融入 360 度全景视频、无人机拍摄、融媒直播、H5、虚拟现实、增强现实、动画、数据可视化人工智能、4K 高清显示技术等新技术，使信息呈现更加立体多元。新技术带来全新的话语方式和融媒体表达体系，突破模拟时代媒体的物理样态，走向更加科学的、客观的、沉浸式的数据化、全息式样态，不断提升用户对信息消费、交互、再传播的体验以及用户对信息内容和相关媒体的黏度、忠诚度、卷入度。

基于新技术手段或形式，中央广播电视总台的融媒体内容生产与传播已经呈现出全新

---

① 胡轩琦．"四全媒体"：媒体融合发展的新方向［J］．新闻文化建设，2021，（第3期）：50-51.

的样貌，许多创新性的内容产品已经成为业界的典型案例和标杆产品。未来，新技术的应用、与内容产品的有效结合，以及用户的使用体验等，在新闻、教育、娱乐、体育、文化等融媒体内容创作与传播过程中还有待进一步探索与实践。

（三）全员媒体最大限度地开发信息生产与传播效能

全员媒体从传播主体的维度，突破传统的传受关系，使传播主体的界限逐渐消解。基于新兴媒体平台，传统媒体时代的受众转变为平台用户，并可以成为主动发声者、信息制造者和传播者。同时，传播主体信息发布的载体得到极大拓展，从报刊、广播、电视，拓展为网站、论坛、两微一端、短视频网站、新闻聚合客户端、网络音视频直播平台、公众号与自媒体等，无论是传媒机构用户还是个体用户，都呈现出全员参与信息生产和传播之景象。全员媒体首先提升了信息生产能力与传播效能；其次，传统媒体突破原有的生产周期长的限制，更新迭代信息生产与审核发布流程，强调移动优先，通过融媒体各个平台以最快速度、最佳方式发布可靠信息，防止全员媒体环境下，主流媒体陷入被动传播的局面；最后，全员媒体由于传播主体结构复杂、信息生产传播和鉴别能力参差不齐，因此出现了媒介素养问题，这需要主流媒体通过各类媒体平台加强媒介素养教育、数字信息空间伦理与规范宣传，同时加大各类媒体、平台、客户端的舆论引导与监管力度。

（四）全效媒体推动信息传播与服务向精准化发展

全效媒体从媒体功能的维度，打破传统媒体一对多的大众化传播方式，通过大数据、云计算提供用户的基本画像，呈现用户信息需求与消费的总体轮廓和细分情况，同时利用社交平台、推荐算法、人工智能、机器采写等新技术实施有针对性的、精准性的信息生产、传播以及推送和分发，提升信息的流通效率与效能，使得传播目标可描绘、可设定，传播过程可编程、可把控，传播效果可观察、可测量，传播反馈可互动、可回收、可数据化、可再利用。[①] 除了信息传播，全效媒体的另一面则强调服务功能。传统媒体在服务功能上的缺陷，在媒体融合时代需要借助新技术来弥补，并且在连接机构与用户、线上与线下的场景化应用平台上，服务功能将成为新型主流媒体新的增长点。

当然，传统主流媒体在转型的过程中，必然存在原有的路径依赖对转型的推进所造成的影响，如信息传播技术面临由模拟模式向数字模式的转变，在缺乏数字技术经验和人才积累的前提下，极易盲目跟风或原地踏步。在此过程中需要摆脱思维固化和原有发展观念的惯性，积极面向人工智能、5G、云计算、大数据等未来传播技术，推动其在融合传播实践中的尝试与运用。另外，建设"四全媒体"的理念将推动主流媒体在提升对内传播与对

---

① 李艳春．"四全媒体"建设对策探讨［J］．传播力研究，2019，（第20期）：53.

外传播影响力方面，注重社会反响、社会效果和社会效益；在媒体信息产制流程重构过程中，注重"内容驱动""技术驱动"双引擎发力，注重"用户体验"和"信息服务理念"的双重提升。

二、努力讲好中国故事

（一）主流媒体"讲好中国故事"的必要性和重要意义

在全面推进媒体融合的大环境中，如何提升我国主流媒体在国际传播生态中的影响力和话语权成为一个崭新的课题，中央广播电视总台的成立，开启了我国主流媒体以新思路、新技术、新内容、新传播方式等拓展国际市场、全面介入全球传播生态、大幅提升中国媒体在国际舆论舞台话语权和影响力的全新阶段。

"讲故事"已经上升为国家战略，是一种让世界深刻了解中国的有效媒介，是建构国家形象、打造中国精神的重要技巧，也是对一些国外媒体塑造的不真实的中国国际形象的一种有效矫正。同时，讲好中国故事需要注意以下三个方面：第一，要因地制宜，不能一厢情愿地讲故事，要具有针对性；第二，故事叙述的对象要平衡兼顾，既要讲好中国政府的故事，也要讲好中国人民勤劳奋斗的故事；第三，要努力讲好现在的故事，更要回望过去，公正、客观、辩证地讲好历史故事，在故事中体现大国责任与大国担当。

（二）主流媒体"讲好中国故事"的实践探索

如何讲好中国故事，一方面体现在优质"故事内容"的生产方面；另一方面，好的、优质的"故事内容"也需要切合时代脉搏的传播方式。由此，主流媒体在讲好中国故事方面，可从以下三个方面开展实践探索。

第一，在构建对外传播话语体系上下功夫。主流媒体的国际传播能力经过十余年的发展，在硬件建设方面已经基本形成规模：扩充海外记者站数量、加强海外传播人才配置，另外还通过购买版面、时段，交换新闻信息，合办节目，参股国外媒体等加速进入国外传播市场。通过大力推进硬件基础设施的建设，中国媒体的声音在国际传播环境中的覆盖率、传播力获得较大提升。但前期基本集中于硬件条件的铺设，在关键问题上，我们的传播者还没有把自身发展模式的"中国特色"与"世界意义"讲清楚，声音还不够响亮，影响力还略显薄弱。

在我国全面推进媒体融合进程的当下，主流媒体不仅要看发行量、收视收听率，更要看影响力，要能在舆论场上具备定义事件、引导舆论、凝聚共识的设置议程能力，要把中国道路、中国力量、中国精神、中国智慧等中国故事内核立体生动地呈现出来，故事化思维是以核心价值为话语来解读每一个事件的。这就需要从硬件建设转向软性的话语和内容等方面的建设，由自说自话转向在国际舞台寻求共鸣。

第二，在乐于接受和易于理解上下功夫，让更多国外受众听得懂、听得进、听得明白，不断提升对外传播效果。如何让国外用户具备同理心，如何与国外用户进行换位思考，这不仅需要考虑国际舆论环境的复杂性，而且需要具备分析不同国家、平台、用户群体需求的能力，需要主动跟踪、监测、分析和对接不同平台上国际传播的用户行为分散化、文化表达多样化，以及群集或社交的地方化等特征，只有这样，才能把握规律，创作出国外用户喜闻乐见的、易于接受的、听得懂的中国故事，才能促使中国声音在国际舆论场上响亮发声。

第三，要把握国际传播领域融合化、移动化、社交化、可视化的趋势。当今媒体总体的发展态势是技术手段融合化、信息入口移动化、内容传播社交化、新闻产品视频化、机构媒体平台化。主流媒体在建设"四全媒体"、打造自有平台的过程中，需要紧跟国际信息传播趋势，使内容的生产与传播能够融入国际传播潮流，既要充满正能量、唱响主旋律，又要贴近用户口味、使用习惯，展现真实、立体、全面的中国。要把握融合化的规律，首先对需求的挖掘要来自国际社会，要有效了解国际社会想了解中国的哪些故事；其次是以其中有价值的选题或问题将故事要素、技术要素、媒介要素、用户要素、推广要素进行有机融合，共同完成一致的、立体的中国故事的传播，并在这其中构建极具中国观点、中国创意和智慧的，可交流对话的，充满情感正能量的故事体系，形成持续的"中国故事流"。

三、大力提升国际影响力

（一）主流媒体提升国际影响力的机遇

随着互联网、大数据、人工智能等不断取得突破，数字经济快速发展，现代信息技术将推动更深层次的科技革命和产业变革，对应到传媒领域，则必将形成全新的全球传媒生态。在发展瓶颈、生存压力以及新媒体技术高速发展的形势下，传统主流媒体在全球新的传媒生态中主动求变，通过国家、技术、资本等力量探索新形态的发展路径，通信行业、互联网企业也在技术、用户等累积优势下，顺势涉足传媒产业。在传统媒体与新兴媒体频繁地进行业务、技术、内容、资本、人才等双向互动之时，全球传媒生态呈现出前所未有的融合之态。全球各个国家和地区从传播技术、平台打造、产业再造、结构重组、法律法规等方面对传统媒体转型、新兴媒体加速发展进行了路径探索。

（二）主流媒体转变观念提升国际影响力

在新技术、新媒介结构的全新的融合传播环境中，国际传播的形势也发生了深刻的变化，信息的生产、传播，用户的媒介接触与信息选择也呈现了与过去相比较大的变化和新的规律。主流媒体无论是通过打造"四全媒体"来转型，还是在提升讲好中国故事的能力方面，都需要把握全新的融合语境下的国际传播规律，一方面要在生产与传播技术、平台、人员能力等方面加快提升的速度和强度，另一方面也要在提升主流媒体国际影响力的传播观念上加快转变的步伐，只有思想和观念转变了，才能更好地引导和使用新技术、新设备，产生前所未有的效能和影响，使之能够适应新技术条件下的传播环境，同时也能够准确把握国际传播环境中的关键规律，这对于提升国际传播影响力能起到非常关键的作用。与传统的国际传播观念相比，主流媒体在继承其优秀的传统与实践经验之外，更要结合新的技术、新的信息传播模式、新的用户习惯等，做好传播观念、方式的探索和创新，具体可以对以下三个着力点进行探索和思考。[①]

第一，主体问题。毫无疑问，主流媒体的对外传播，一定要坚持"以我为主"的原则，那么随之而来的问题就是对外传播"为谁所用"的问题。从战略和战术上来讲，对外传播在"以我为主"的基础上必然是"为我所用"，但从信息传播的流程与规律上来看，问题的答案应该是"为用户所用"。对外传播的用户是谁？这是一个不言自明的问题。但从根本上来看，"为我所用"和"为用户所用"这两个对外传播的目的指向之间并不矛盾，在一种恰切的、符合传播规律的传播实践中，二者是可以做到高效融合的。这就要求我们切实围绕目标国家、地区的用户真实想要了解的问题进行信息生产与传播，而不是围绕我们自己想传播的内容进行单向性的生产与传播。这是解决问题的基础，只有这样才能实现信息传播的"互利共赢"。刘秀峰等在研究中提出"离岸传播"的观念，通过在全球主要经济中心城市设立离岸传播中心，同时借助在地华人华侨群体、海外中国企业等力量，推进适合所在国家传播的信息的生产与交流，增强文化的融入和认同，使海外传播中的中国形象更加真实、可信、权威。

第二，信息的开放性问题。无论是对内还是对外传播，信息传播过程涉及复杂的利益相关者体系，我们不能将自身的利益诉求、观念等打包在一个封闭的信息文本之中，这种封闭文本的传播将走向两个极端：对于利益关联较大的群体，传播效果非常明显，而对于利益不相关，或对信息内容不感兴趣的群体，其传播效果可以忽略不计甚至是无效的。这就需要我们新的融合语境中的对外传播，转变为一种开放的信息产制模式，结构一个开放的信息文本空间，在以我们主体利益为根本的基础上，全面考虑信息传播各方的利益。我们不能空泛地谈论、传播甚至是灌输有关中国形象的信息，而是要形成开放的对话和交流空间，在这其中利用传播技巧、传播规律促使信息正面意义、积极效果的形成。

---

① 王冰灿. 新型主流媒体国际传播力提升探究［J］. 文化学刊, 2022, （第11期）: 30-33.

第三，信息影响力与传播效能的问题。如果我们将"传播"一词分开来看，"传"表明信息的传递，可描述为一种信息向外发送的行为；"播"则强调信息的扩散、信息影响力的延续。我们以往的对外传播实践，整体存在"传而不播"的特点，也就是说在线性、单向的传播思维和观念的指引下，信息单向传递出去后，即完成了对外传播任务，而从实际效果来看，这种模式下的对外传播存在一定的不足，尤其是在数字技术高度发达的今天，互联网无远弗届，社交媒体中各种观点、看法、态度杂合，但同时也展现出前所未有的信息扩散力和影响力。在这种融合的语境下，今天的对外传播除了"传递"的一环，"扩散"的一环更加不容忽视。那么，扩散的基点和基础设施在哪里？一方面，对外传播过程中，在信息产制一环，我们的主流媒体要做到的不仅是传递信息，而且要传播观点和意见，表达自己的独特立场和态度，构建我们自己的分析问题、形成观点、解释和表达的框架；另一方面，除了自有平台，更应该以国际上具有影响力的传播机构和广泛的国际用户转发、转载、评论等形成的多级传播来推动积极的信息传播效果的实现。

四、不遗余力坚定文化自信

（一）主流媒体的文化传播责任

在推进我国政治、经济、社会发展方面，文化自信也凸显了内源性的驱动作用。

第一，在经济、贸易、科技、军事等领域，中国已经成为国际舞台上极具影响力的国家，甚至在一些关键领域还处于领先地位，但在文化创新与传播方面的国际影响力相比这些领域还偏弱，从文化大国走向文化强国的过程中需要文化自信的有力支撑。

第二，实现中华民族伟大复兴的中国梦，不仅仅要实现政治、经济、军事等的复兴，而且要实现中华民族五千年优秀传统文化的复兴，文化自信为物质基础建设和文化软实力建设提供了内源性的精神动力。

第三，改革开放后，借助高度发达的信息传播技术，外来文化不断冲击着中国传统文化，在意识形态、国际舆论领域也聚集着各种声音，健康的与不健康的、高雅的与低俗的、正确的与不正确的价值观念充斥其中，如何分辨精华、剔除糟粕？如何在开放的环境中学习借鉴优秀的思想、摆脱腐朽思想的侵蚀？文化自信为中华民族文化的传承与发展、不同价值与思想观念的交流和借鉴提供了最基本的原则、最有力的工具。

主流媒体无论在技术基础、生产实力，还是在优质内容把控标准、传播力与影响力方面，都有着基础强、覆盖广、专业化的鲜明特征，因而其必然成为中华民族传统文化内容创新与传播创新的重要载体和传输渠道。在与国际接轨的进程中，在全球不同媒体集团、不同利益主体的媒体代表、不同价值观的传播博弈和舆论话语主导权争夺中，中国的主流媒体更应该坚定文化自信，自觉承担起对内和对外传播中华优秀传统文化的重大社会责任与时代使命。中华文明延续着我们国家和民族的精神血脉，既需要薪火相传、代代守护，也需要与时俱进、推陈出新。要加强对中华优秀传统文化的挖掘和阐发，使中华民族最基本的文化基因与当代文化相适应、与现代社会相协调，把跨越时空、超越国界、富有永恒魅力、具有当代价值的文化精神弘扬起来。

（二）主流媒体当前文化传播的机遇

新兴信息传播技术的发展以及融入国际传播生态、参与国际市场竞争，在带来诸多挑战和困境的同时，也给我们主流媒体的国内外传播与影响力的提升提供了前所未有的新机遇：

第一，互联网以及移动互联网的广泛覆盖力、无限连接力，使原有的国际传播格局与秩序发生变化。随着中国综合国力的提升并成为世界第二大经济体，在内部大力推进媒体融合、打造新型主流媒体的过程中，推动中华文明创造性转化、创新性发展，激活其生命力，让中华文明同各国人民创造的多彩文明一道，为人类提供正确精神指引。要围绕我国和世界发展面临的重大问题，着力提出能够体现中国立场、中国智慧、中国价值的理念、主张、方案，这是主流媒体在新时代、新环境中的新使命与新机遇。

第二，主流媒体必须注重全球影响力的提升和国际舆论主动权的掌控，称之为"媒体融合的外部效益"，具体解释为通过融合型媒体及产品的打造、民族文化内容的有效融入，不仅满足国内用户对信息的需求，而且适应基于新技术、新舆论生态的国际传播环境，精准、有效、广泛地传递国内社会的发展信息和高品质文化内容，与国际舆论场中固有的刻板偏见、虚假信息、极化言论正面交锋，搭建跨文化沟通的平台，扩大讲好中国故事的参与主体，全面提升国际传播能力和中国主流媒体在全球的影响力，自觉承担传播中华民族优秀文化的重要责任，不断坚定文化自信，提高文化自觉。

（三）坚定文化自信，主流媒体提升文化传播能力的路径

在媒体融合走向纵深发展的进程中，对我国主流媒体的考验，一方面来自新技术应用、平台建设、生产与传播流程再造，而另一方面则来自在一个新的传播环境中如何做好民族文化的传承与传播，这个方面又可以细化为：如何把握民族文化的实质与根基，打造高质量、新形态的优质内容；在一种融合媒体的操作环境下，新形态的内容如何真实、有效、有力地反映时代特色、传递时代声音；如何调用新技术、新平台，为优质民族文化内容做好国内传播，乃至国际传播，不断开发民族文化的原动力和影响力。

主流媒体在面对多元传播主体、多元价值观念、多元文化形态的传播生态现状时，在主流意识形态宣传、社会舆论引导、内容产制等方面，必须坚持培育和践行社会主义核心

价值观的根本理念，利用主流媒体强大的传播力、引导力、公信力和影响力引导社会主义文化的发展方向，坚定文化自信，提升文化自觉。反映在内容制作与传播方面，主要应秉持以下理念：

第一，内容的策划与产制要以社会主义核心价值观、中华民族优秀传统文化为重要选题来源，摒弃毫无底线、无病呻吟的泛娱乐化选题。中华民族优秀传统文化源远流长，中国特色社会主义建设进程中新风貌、新故事源源不断、层出不穷，这为新时代主流媒体内容的策划与生产实践提供了取之不尽、用之不竭的海量素材库。

第二，在叙事话语、表达风格上，既要体现文化追求，又要无限贴近群众，既要展现时代特色，又要注入高尚的情操，以坚定的文化自信进行有品格的民族文化传播。总台一大批有深度、有内涵的文化类节目在中华民族传统文化的创新性传播方面开展了有益的尝试并深受大众喜爱，如《中国诗词大会》《中国成语大会》《中国民歌大会》《朗读者》《国家宝藏》《经典咏流传》《等着我》《中国舆论场》《国家记忆》等。另外，总台的一些综艺节目也在娱乐元素的基础上，增加了文化、情感的维度，例如《黄金 100 秒》《中国好歌曲》《挑战不可能》《加油！向未来》等节目在娱乐的基础上，更加注重人文关怀以及民族文化的共鸣与情感认同，更加注重综艺娱乐节目的社会价值和文化价值，展现凡人小事，展现普通人的奋斗故事。此外，一批专题节目、纪录片也显示了高超的制作水准，并融时代话语、社会话题于其中，以大气磅礴的语态、平实质朴的语言开展叙事与表达，如《舌尖上的中国》《超级工程》《航拍中国》等。

第三，在与用户的连接方面，不能局限于形式上的互动，要以优质的文化内容为依托，将互动上升到更高的层面，融入人情、温情、家国情，让文化缓缓流入内心，引发情感上的文化共鸣和民族认同，形成主流价值的文化沟通语境、社会主义核心价值观认知和传播的媒介环境。这一方面体现在对原有大型节目的改造和升级方面，如全国道德模范评选、"感动中国"人物评选等大型活动的改造升级。另外，基于新媒体技术打造的一些融合类节目如《中国舆论场》《数说"十三五"》《数说命运共同体》等使主题主线宣传报道更直观生动，更具有可读性和接近性。另一方面则体现为通过转变传播思路，大力推动内容的供给侧改革，由原来的"先台后网"观念转换为"台网并重，先网后台"的先进传播理念，并依据互联网的传播规律、用户使用习惯，推出适合网络平台用户观看的精品优质内容。

第三章 媒介融合及其影响

第一节 媒介融合与分类

人类的新闻传播实践若从技术的角度来看，实则是一个媒介形态不断演化、升级的过程。媒介形态的每一次演进，无论是在时间上还是在空间上，都带来了新闻传播实践的深刻变革。从口语新闻时代、手抄新闻时代、印刷新闻时代、电子新闻时代到网络新闻时代，媒介形态已然经历了五次划时代的变革。那么有没有这样的一种可能——将前述种种新闻传播形式各自的优点结合起来，同时能尽量避免它们在单独存在时所具有的弊端呢？答案是肯定的。20世纪末21世纪初，整合各种媒介的优点，以一种"全能型"媒介的形式进行新闻生产的努力已现端倪，并越来越广泛、越来越深刻地影响着新闻实践。这种努力及其代表的媒介发展方向，正是我们将要进行全方位认识的、一种崭新的新闻传播形态——媒介融合。

一、新媒体的发展趋势：媒介融合

传统媒体与互联网将会加速融合，报纸开设网络版以及报纸杂志与网站合作开设线上发行平台，广播的网络化、电视的网络化都会进一步得到发展，传统互联网和移动互联网也将进一步融合，使媒介应用更加便捷。从业务的角度来讲，三网融合是指不同的网络平台倾向于承载实质相似的业务；从终端的角度来讲，三网融合是指消费者通信装置的趋同；从传输的角度来讲，三网融合是指三种网络的互联互通。狭义的三网融合是指电信网、广电网与计算机网络技术、业务和网络的融合与趋同；广义的三网融合是指电信、广电与信息技术三者产业的融合。①

（一）传统媒体与网络的融合

"媒介融合"本义是指各类媒介呈现出多功能一体化的趋势，但随着互联网逐渐与报

---

① 赵宁.媒介融合形态与趋势分析［J］.新闻传播，2021，（第18期）：50-51.

刊、广播、电视等传统大众媒介融合，网络技术的推动又使媒介融合得以脱胎换骨，形成了网络报纸、电子杂志、网络广播、播客、网络电视等新的信息传播渠道，并最终使得媒介融合成为构架媒介化社会的核心力量之一。在当今的媒介融合趋势下，在充分利用自身既有信息平台和资源优势的前提下，传统媒体介入、整合新兴网络媒体是其必然选择。

随着互联网技术的不断发展，网络传播已经广泛应用于生活的方方面面，并对传统媒体的生存和发展造成了强烈的冲击。对于任何一个传播媒介而言，注意力资源都是维系其生存、发展的生命线。

（二）传统互联网和移动互联网的融合

移动互联网产业融合主要体现为网络的融合、终端的融合、应用与内容的融合。网络融合是电信网和互联网融合的基础，终端的融合是电信网和互联网融合的保障，移动网与互联网的深度融合必将带来新一轮的业务融合和内容融合，这必然会催生出许多新的应用模式。

从业务上看，目前应用范围最广、发展速度最快的是音乐、游戏、视频、阅读和社区。各运营企业推出了手机游戏、手机电视、在线音乐等增值业务，并重点推进手机支付、应用商城、统一门户、即时通信、手机阅读、网上支付等业务，在用户群中渗透率很高。用户已经切实体验到移动互联网与固定互联网一样，给人们的生活、工作和娱乐等方面带来了深刻变革。

二、媒介融合的概念

产业融合是媒介融合的最早表现形式。当前各媒介之间的竞争已经到了白热化的程度，这里既有传统媒体之间的竞争，也有传统媒体与新兴媒体之间的竞争。要在激烈的竞争中立于不败之地，只有互相联合、互相借鉴、互相补充、做大做强，才能推动各传播媒介之间产业融合的步伐。这既包括传统媒体之间的融合，也包括传统媒体产业与电信产业、互联网产业、物质生产产业等的融合。

（一）从传媒产业链范畴理解媒介融合

媒介融合将渗透到整个传媒产业链中的各个部分，主要包括横向融合与纵向融合。①

1. 横向融合

横向融合指的是同类型的传媒企业或非传媒企业之间的融合。由于处于供应链的相同阶段，如同处于内容制作环节、包装环节、传输环节、操作环节或终端环节，企业为了扩

---

① 杨蕊．媒介融合的效应分析［J］．新闻传播，2019，（第 8 期）：54-55．

大共同的市场份额、合理利用资源，就会发生横向融合。

2. 纵向融合

纵向融合指的是在传媒产业内部子产业的重组过程中，传媒上游企业（如内容制作企业）和下游企业（如传播渠道企业）之间的融合。纵向联盟的经营业务上至媒体产品的创造，包括新闻、视听节目、书籍等，下至各种形式的产品分销和零售。

（二）从传媒生产形态范畴理解媒介融合

媒介融合使得传媒产业在内容生产形式、传播形式、产业范围、市场占有等方面产生巨大变化，主要包括信息产品形态的融合、传播渠道的融合、业务范围的融合等。

本书认为，应该从广义的范围来考察和学习媒介融合。在广义上，媒介融合的演进是递进式、立体式的："媒介融合"是指媒介产业在媒介形态、媒介功能、传播手段、资本所有权、组织结构等要素方面所进行的聚合和演进。

三、媒体融合的分类

（一）内容融合

由于消费者对内容消费的规模化需求，同时数字化技术提供了大规模内容生产的可能，因此出现了以内容产业作为生产形态的融合性生产，进而形成了内容融合。

1. 内容融合的成因

在以数字技术为基础的现代信息技术的推动下，内容的形态可以得到统一，规模化的信息内容生产应运而生。内容生产有可能独立于传统的各种传媒机构之外而形成独立化、规模化、专业化的内容生产，满足广大受众日益高涨的信息内容需求，从而形成内容融合。

现代信息技术使信息内容的表述通过数字化技术得到统一，使内容的融合成为可能，这是内容融合产生的决定性因素和必要条件。此外，激烈的市场竞争、广大受众的要求和政府相关政策的转变都对内容融合的产生起到了巨大的推动作用。

（1）现代信息技术的推动

现代信息技术的产生使传媒活动有了巨大变化，其中最为重要的就是数字化技术的出现。数字化技术将过去不同形式的信息统一成由"0"和"1"构成的数字化信息，打破了过去各传统媒体之间互无联系的局面。因此，以数字技术为核心的现代信息技术一直是内容融合的形成基础，也对内容融合产生着巨大的影响。

①信息内容的数字化处理

当今是信息化时代，而信息内容的数字化处理也越来越为人们所重视。以前我们在处理信息内容时总是根据信息内容的种类和形态分门别类地进行，彼此互不交叉。例如，在处理平面信息内容时通过文字和平面印刷来进行；处理声音、影像信息时通过声音、影像的录制、后期编辑来进行。这就使信息内容的处理彼此之间有了分离，也就形成了目前各自独立的媒介形态单独生产信息内容的局面。计算机的应用则使信息内容的处理方式进入了一个崭新的时代。计算机技术投入信息内容的生产环节之后，为我们提供了一个统一处理各种类型信息的共同平台，在这个平台上，原先分离的媒介形态的信息内容生产可以共同进行，从而实现信息共享、资源互通。这主要依赖于计算机技术在以下两大方面的不断进步。

第一，半导体技术提高计算机硬件处理能力。随着半导体技术的飞速发展，计算机的体积不断缩小，性能不断提高。特别是自20世纪七八十年代开始，半导体技术的发展日新月异。随着这种技术的进步，计算机的信息处理和信息存储能力都大幅提高，使计算机的普及应用和参与信息处理，特别是多媒体信息的处理成为可能，最终计算机成为一种被大众广泛使用的生产和处理信息的公共平台。

第二，软件技术优化人机交互的信息生产环境。半导体技术的提高使计算机成为信息生产和处理的平台，但人才是信息内容的生产者，如何使人们在简单、直观的界面下使用计算机进行信息的生产和处理是计算机信息处理的另外一个重要问题。

计算机在早期时人机交互界面较为复杂，也缺乏直观性和友好性，对使用者有较高的专业要求，需要使用者具有大量的计算机专业知识和技能，这种情况严重阻碍了计算机信息处理的发展。随着软件技术的不断进步，从 DOS 系统到 Windows 系统，从字符界面到图形界面，近年来计算机的软件环境越来越人性化智能化，人们不需要掌握较多的计算机知识也可以轻松完成信息的生产和处理，使计算机信息处理的广泛普及成为可能。

②信息内容的快速存储和检索

随着计算机技术在信息生产和处理领域的广泛应用，信息内容的数量和形态都得到了大幅度提高，这就需要我们找到一种可以便捷、快速地存储这些信息内容的方法。传统媒体在生产出大量信息内容的同时，又需要大量空间和设备来存储这些信息内容，无法实现信息资源的快速共享。例如，平面媒体的信息内容以纸质形式存储，广电媒体的信息需要添置另外的设备才能进行存储，均需消耗大量的额外资源。此外，其所保存的信息内容也无法被方便地检索，使内容融合所需的大规模信息资源共享无法实现。

随着数据存储技术的发展，不同形态的信息被数字化以后可以存储在大容量的数字存储设备中，这种存储设备具有存取速度快、体积小巧、容量巨大的特征，非常适合大容量的信息数据保存，为信息内容融合后产生的海量信息数据提供了良好的存储空间。

内容融合将导致信息内容的大量增加，如何管理和使用这些信息非常重要。20世纪六七十年代，数据库技术的出现使人们找到了一种高效管理这些存储的信息内容的方法。通过各种类型的数据库系统，人们可以按照各自的需求进行信息的输入、修改、删除、检索等，极大地提高了信息内容的管理效能。尤其是随着网络技术的发展，网络检索技术和网络数据库技术在为人们提供了一个近乎无限容量的信息存储空间的同时，也为人们提供了一个高效的检索信息内容、共享信息资源的统一平台。通过这个平台，可以随时随地地以各种形式来收集、管理、汇总和检索信息内容，为内容融合所需的大规模内容生产提供了一个良好的信息内容管理平台。

（2）市场需求的引导

无论是传统媒体还是新媒体，任何传媒企业要生存和发展，都要适应受众市场的需求，获取较大的市场份额，这也是各个传媒企业的基本要求。现代传播技术使信息内容实现规模化生产，从而带来海量的信息内容产品，并通过各种媒介终端将这些信息内容产品传递到受众面前。同时，由于新的传播模式打破了传统媒体所固有的时空限制，因此受众在信息获取方式上的自由度也随之提高，多样化、便捷性成为人们追逐的目标，这也在信息数量和受众信息获取方式上体现了市场需求对内容融合的促进作用。

（3）竞争的压力

长时间以来，传统媒体依靠信息资源的稀缺性及其对信息内容的垄断性，一直在大众传播中占据着不可替代的统治地位。但是，随着传播技术的发展和新兴媒体的出现，信息的数量和形态都大大增加，这种稀缺性在逐步减弱，受众的关注也逐渐转向新兴媒体。面对传播技术的发展和新兴媒介的冲击，传统媒体逐步向数字媒体领域发展，从进入互联网到与其他数字终端媒体不断结合，这种竞争对内容融合起到了极大的推动作用。

（4）政策的促进

传统大众传媒对社会的影响力很强，政府必须从政策上进行严格管制。在大部分国家，传统的媒介规制方式都由基础技术平台的分类所决定。新兴媒介形态的产生改变了传统媒体一统天下的格局，广大受众不再仅仅依赖传统媒体获取信息内容。随着其影响力的下降，政策的保护力度也应相应降低；新兴媒介以其特有的优势获得越来越多的受众关注，同时其在信息内容的生产、传播方面也需要更大的自由空间和更为宽松的政策管制。

2. 内容融合的形态

（1）内容形态融合

信息内容只有通过各种具体的符号才能被受众获取和使用。根据符号的不同，受众获取的信息包括文字、图片、声音、影像等。在传统的内容生产中，这些形态是独立存在的，这使受众在获取信息时，无法全方位地了解信息内容。例如，以传统报纸为平台的平面信息只有文字和图片，人们无法直观地看到、听到具体的信息内容。但现在通过数字化技术，这些独立的信息形态能够融合在一起，使受众能够以多媒体的形式获取信息，满足受众对信息内容的多样化需求。

（2）技术属性融合

传统的信息内容生产是以模拟的方式进行的，不同的媒介有各自不同的方式，需要各自独立的设备和技术，容易造成资源的浪费。通过数字技术将模拟内容转化为数字内容，就可以使信息内容的生产统一在以计算机为主体的共同平台上进行。通过统一的平台，可以将相同的信息内容加工成各种不同的形式，面向不同需要的广大受众。这个平台既整合了内容生产的手段，也提高了信息资源的使用效率，并且使信息内容产品具有单独生产所不具备的规模化和标准化特征。

（3）媒介载体融合

传统的信息内容生产是和不同的媒介形态紧密相连的，针对相同的信息内容，不同形态的媒介按各自的特点生产出不同类型的信息内容，彼此无法兼容。内容的融合通过数字化技术将各种形态的信息内容统一在一个信息生产平台之上，使信息的形态呈现出多媒体的特点。

在这种情况下，原先各种媒介单独进行内容生产的形式已经无法满足海量信息内容生产的需要，各个独立的媒体也不具备单独进行多媒体内容生产的能力。这就需要各种媒介载体在内容生产上进行联合，信息互通、资源共享、集成生产，从而导致传媒产业链的重新构建。

（二）网络融合

1. 网络融合的概念

广电网、电信网、互联网的融合主要包含两个层面的内容：一是三网基于技术的融合，二是三网基于业务的融合。[①]

（1）三网基于技术的融合

电信网、广电网和互联网在刚出现时，由于各自不同的业务种类，在构成和应用技术上是相互独立的。电信网主要用于语音交换，采用的通信方式主要是电路交换，这种方式可以使用户之间实现双向、一对一的实时连通，具有较强的实时性。但是，其也存在自身的缺陷，那就是电路交换在用户通信过程中要求独占线路资源，易造成资源的浪费。广电网主要用于语音和图像的广播，采用总线连接的方式，所有的用户共享一个信道，不用进

---

① 吴姝丽 . 媒介融合背景下视听转型分析［J］. 中国报业，2022，（第 15 期）：84-85.

行交换。但它是一种单向的传输网络，所有信息都是以广播的形式传送的，用户只能被动地接收，无法进行双向互动。互联网是一种点对点的网络，主要采用分组交换的方式进行通信，采用 TCP/IP 协议，实现用户间的数据传送和信息资源共享。

由此可以看出，三网之间本身存在着很多不同，也分别用于不同的领域。但是，随着技术的不断进步，三网之间出现了技术上的交融。由于技术的不断进步、不断融合，三网自身在技术融合的基础上进行相关的改造，逐步向彼此的业务领域渗透，才导致整个网络功能的融合。因此，三网融合的一个重要方面就是技术融合。

（2）三网基于业务的融合

电信网早期只传输语音，但是随着 IP 技术的应用，电信网中无论是固网还是移动网络都可以通过 IP 技术进行数据信号的传送，再加上流媒体技术的成熟，电信网也可以向用户实时地进行音视频信号的传送。广电网早期只负责传送音视频信号，但是随着数字化技术的出现，数据、语音与普通的音视频信号已经没有区别，再加上有线电视网络双向改造的不断推进，广电网也可以进行语音、数据信号的双向传输。互联网早期是用来传送数据的，但是广播电视节目通过数字化后变成数字信号，通过 IP 协议可以将这些包含广播电视节目的数字信号放到互联网上变成数字媒体流，用户能够通过相应的软硬件来获取并播放节目。

由此可以看出，随着技术的融合，三网的业务逐渐出现交叉，这就导致三网在业务层面上的互相促进、互相融合。

2. 网络融合的成因

（1）网络技术进步是网络融合的先决条件

网络融合是网络技术不断向前发展的产物，这里包含两方面的内容：一是参与融合的网络本身就有成熟的技术，经过融合实现了强强联合；二是参与融合的网络通过技术改造具有融合的可能性。

三网在自身技术的不断完善过程中，在技术上也不断进行着相关改造，使三网融合具有良好的技术基础。广电网是一个单向传输的网络，无法实现信息的双向传送，通过广播电视网络的双向改造，可以完成信息的实时交互。电信网以前主要是传输实时语音，传输速率较低，通过宽带技术，特别是光纤通信技术的发展，信道带宽大幅提高，可以传送实时的音视频内容。互联网采用 IP 技术，以分组交换进行数据传送，随着 IP 技术的广泛应用，互联网也拓展了自身的业务范围。由此可见，三网都具有通过技术改造实现融合的技术条件。

综上所述，技术的发展是三网融合的基础和先决条件，其所涉及的技术主要包括数字化技术、宽带通信技术和 IP 互联技术。这三种技术的进步为三网融合提供了必要的支持条件，为三网融合的进行奠定了坚实的技术基础。

①数字化技术。数字化技术将原来分属于不同网络传输的语音、数据和图像都转变为"0""1"符号，将三网中不同的业务都转化为统一数字化网络上的二进制数据流，突破了各个网络之间的业务壁垒。如此二进制数据流就成为三网传输的统一符号，使三网所涉及的语音、数据和图像可以通过不同的网络进行传送，并通过用户自主选择的终端设备来进行信息内容的获取。

②宽带通信技术。宽带通信技术的发展大大提高了网络传输信道的带宽，特别是光纤通信技术的出现和发展，极大地提高了传输线路的传送能力，使语音、视频等多媒体内容可以进行实时的传送，可以满足原来三网中各种业务的数据传送需求。同时，由于光纤自身的优越特性，其传输的内容在质量上大幅提高，而消耗的成本大幅降低。

③IP 互联技术。20 世纪 70 年代，TCP/IP 协议的出现让互联网得到了极大的发展。TCP/IP 协议的中文名称为"传输控制协议/网络互联协议"，其最大特点是无论网络之间的结构如何，只要在通信时采用该协议，数据就可以在异构网络中进行畅通无阻的传送。这就突破了原来异构网络之间无法进行互联互通的壁垒，实现了大量异构网络的相互融合。基于这种特点，以 TCP/IP 协议为核心的 IP 互联技术也为三网融合奠定了坚实的基础，使各种基于 IP 技术的业务可以在不同的网络上实现资源共享、互联互通。

（2）巨大的商业利益是网络融合的引导条件

技术的进步让三网融合有了可能，但是要进行三网融合就需要进行大量的技术改造，需要投入大量的人力和物力资源，如果没有巨大的吸引力是很难使各产业实体主动推进三网融合的。

①互联网业务。互联网由于其覆盖范围广泛，加上具有实时性、交互性等优势，拥有了大量用户。同时，我国通信运营业的互联网业务也在稳步推进，围绕实施网络强国战略，推动网络提速降费，提升移动网络和宽带基础设施水平，积极推动移动互联网、IPTV等新型信息服务普及。

②IPTV 业务。我国 IPTV 业务开展较晚，但在不长的时间内也取得了较快的发展。

③移动通信业务。新兴媒介所拥有的巨大潜在客户群意味着巨大的市场空间，这为网络融合提供了巨大的产业空间，对各传媒企业具有巨大的吸引力，促进它们积极寻求网络融合以获取更多的商业利益。

（3）激烈的行业竞争是网络融合的压力条件

随着传媒业的急速发展，信息传播活动在时效性、覆盖范围以及传播形式的多样性等方面都提出了更高的要求。在这种情况下，传统的传播媒介所面临的竞争越来越激烈。这种竞争的压力主要来自以下两个方面。

其一，传播产业内部竞争陷入停滞阶段带来的压力。传媒业的竞争首先来自行业内部的竞争，各传媒产业为了获得更多的市场份额，不断进行兼并，以获得更多的信息资源和受众资源，从而做大做强，以期在竞争中立于不败之地。但是，当竞争发展到一定程度，内部的竞争已经达到饱和，要进一步发展就需要向其他相关领域进行扩展。这就涉及与其他产业的交融，从而需要网络融合的支持。由于有线电视内部的竞争空间已经十分有限，为了寻找新的经济增长点，电视业通过三网融合将其发展的触角伸向电信领域，才能促进产业的进一步发展。

其二，产业间竞争带来的压力。随着互联网、数字电视、IPTV、移动通信等新兴媒体的出现，广电网与电信网、互联网之间在经营业务方面越来越多地相互渗透，这意味着基于这些业务的竞争在三网之间会越来越激烈。新媒体所拥有的技术优势使它们获得了大量的受众关注度，特别是众多的年轻受众已经将他们获取信息的渠道由传统媒体转移到新媒体，如果传统媒体不与新媒体联合，必将丧失大量的受众；同样，新媒体在信息内容的占有方面比不上传统媒体，如不与传统媒体联合将使信息的真实性、权威性受到影响，从而失去大众的关注。因此，面对激烈的竞争，无论是传统媒体还是新媒体，都迫切希望能通过互相连通实现信息共享，从而在竞争中获得双赢。

（4）政策引导是网络融合的促进条件

网络融合的必要条件就是需要有一个成熟的网络，市场的诱惑和竞争的压力是传媒产业进行网络融合的主观动力，在这些条件具备的前提下，政策上是支持还是限制，管制上是宽松还是严格，就成为促进三网融合的关键因素。

3. 网络融合的形态

（1）技术融合

以广电网、电信网和互联网为主的三网都有着自身的核心技术，在融合之前三网各自在技术上是完善的，但是要进行跨网络经营，向其他网络业务进行渗透，实现网络应用层面上的融合，就需要在现有技术的基础上进行相关的技术改造。

①广电网的改造。广电网在三网融合中所面临的最主要技术问题有两个：一是数字化问题，传统的广电网络主要是传输模拟的音视频内容，要进行数字化改造；二是传播方向的问题，传统的广电网络是一个单向传播网络，要进行双向改造。

一是进行数字化改造。数字化改造就是将现有模拟信号转化为数字信号播出，要求在接入网局端加装模数转换装置，并在用户端加装机顶盒（STB）进行信号调制输出。

二是进行双向改造。广电网是一个单向、实时、一点对多点的广播网络，所有用户共享一个公共信道，不存在交换技术，无法实现承载语音业务和数据业务所必需的双向互动。广电网络要实现三网的业务融合，首先要进行双向改造。广电网络在构成上分为核心网和接入网，目前核心网本身具有双向传输的能力，所以所谓的双向改造主要是对接入网的双向改造。

②电信网的改造。电信网络面对三网融合主要应进一步提高信道带宽，从而使其可以传输非语音类的多媒体音视频内容。电信网络的核心网目前基本已经实现光纤化，即核心网的带宽是足以承载相应的业务的，主要的瓶颈出现在接入网方面。随着电信网络的不断升级改造，目前已经有大量用户采用宽带接入，但是也还存在很多的窄带接入用户，如何对其进行改造是电信网进行三网融合的重要任务。

③互联网的改造。三网融合中互联网主要需要解决数据实时传送的问题。互联网在设计之初主要是用来进行数据传输的，对传输的准确性要求较高，而对于数据传输的实时性要求较低。但是，随着三网融合时代的到来，大量的多媒体数据要求在互联网上传送，特别是流媒体技术的广泛应用，对于数据实时传输的要求越来越高。过去互联网主要采用"尽力传送"的方式，这种方式面对需要传送的数据平均分配网络资源，无法适应实时数据所需的数据实时性和突发性要求，无法满足语音、视频等实时多媒体传送业务的要求。经过改造，互联网开始采用"实时传送"的方式，此种方式针对不同的业务，将网络资源按照业务的优先级进行分配，能够很好地解决数据实时传输和突发数据流的问题，为三网融合改造提供了坚实的技术基础。

总之，三网的技术融合主要体现在通过自身相应的技术改造，为三网之间业务的相互渗透提供可靠的技术保证，为三网在应用层面上的融合奠定基础。

（2）产业融合

在技术融合的基础上，三网原来各自的业务逐渐渗透，在应用上彼此交叉、逐渐融合。同时，随着相关政策的宽松化以及资本的推动，原先分属于三网各自对立的产业之间也逐步形成了融合之势，这主要有以下三种情况。[①]

①以全业务为基础的产业融合。三网融合使得三网各自的业务之间产生融合，这就形成了"全业务"的概念。所谓全业务，是指三网通过融合将原先各自的业务捆绑在一起，通过一个共同的传播渠道提供给广大用户，这种业务提供集语音、视频和数据于一体的全方位服务。在全业务的要求下，广电产业、电信产业和互联网产业纷纷进入彼此的市场。

②以资本并购为基础的产业融合。三网融合的另一表现形式就是通过资本市场的运作，使分属于三网的产业互相之间的资源进行整合，调整业务范围，扩大市场份额，以增强自身的竞争实力。在这种情况下，电信产业、广电产业、互联网产业通过资产重组和并购，实现技术、资本和市场的互动前进。

① 徐丽芳，陈铭.媒介融合与出版进路［J］.出版发行研究，2020，（第12期）：20-30.

③以统一业务平台为基础的产业融合。随着三网融合的不断推进，居于新型传媒产业链中游的传播网络与上游的内容产业和下游的终端产业也在积极地进行融合。在这种情况下，传播网络成为联系内容和终端的平台。

（三）终端融合

终端融合即"3C"融合，主要体现了硬件的产品端，包括电信（communication）、计算机（computer）和消费类电子产品（consumer electronic）的三合一。

1. 终端融合的成因

终端融合的形成条件与内容融合、网络融合一样，也需要在技术、市场、竞争等方面提供必要的条件，这些条件的具备是终端融合产生的前提。

（1）技术的支持

终端融合的技术基础是终端设备可以使受众方便地连通到各种信息网络，跨网络、跨平台地获取所需的内容和服务，选择任何一种网络连接就可以方便地享受三网提供的海量内容服务，其中 IP 技术和无线网络技术是最为核心的技术，它们使各终端设备可以实现无缝连接。

IP 技术利用 IP 层协议，在 TCP/IP 确立的网络层次结构中起核心作用。其一，终端网络采用无连接方式传递数据报，如此上层应用不用关心低层数据传输的细节，可以提高数据传输的效率；其二，终端网络通过 IP 数据和 IP 地址将各种物理网络技术统一起来，达到屏蔽低层技术细节、向上提供一致性的目的，这样可以使物理网络的多样性对上层透明。早期的 IP 技术使原本互不连通的局域网可以进行信息交换，使得 Internet 得到广泛普及，使 Internet 可以充分利用各种通信媒介，从而将全球范围内的计算机网络通过统一的 IP 协议连在一起。在网络融合的基础上，IP 技术进一步发展，可以承载更多种类的信息服务；各种接收终端只要使用 IP 技术进行通信，将使所有的终端设备彼此连通，实现信息通信和资源共享。

无线网络技术是对网络覆盖范围的一种延伸和补充。通过无线通信技术，各种终端设备之间摆脱了笨重的实体连接线路的束缚，真正做到了跨地域、跨时间地发送和接收信息数据，实现数据、资源的共享。无线网络技术所具有的这种灵活性、移动性，为受众提供了实时的、移动的、便捷的信息获取平台，可以保证受众随时随地地以各自希望的方式来获取信息内容，实现最大范围、最大自由度的资源共享。

（2）市场的吸引

在新兴传播技术的支持下，信息内容从数量到形式都有了很大变化，面对新的传播环境，广大受众已经不满足于过去那种定时、定点获取信息的方式了。受众获取信息、接收信息服务逐步由单媒体向多媒体、由固定接收向移动接收、由被动获取向主动互动等方式转变。终端设备是广大受众获取信息的工具，受众接收信息方式的变化势必影响到终端设备的变化，从而催生出巨大的市场需求。

①数字消费产业兴起。随着数字内容逐步取代模拟内容，广大受众越来越将关注点投向数字接收终端。此外，经历了此前的萌芽、发展，我国的数字消费产业变得越来越成熟，形成了以网络内容、数字影音、动漫、移动数字内容为主体，数字教育、数字出版等行业协调发展的产业格局。

②多功能一体化移动终端成市场主流。以手机、MP3、平板电脑、电子书、数字彩电等为代表的多功能一体化数字终端设备以其特有的便捷性、灵巧性、多功能性和时尚性受到了广大受众的喜爱，逐渐成为终端市场的主流产品。大量用户通过手机平台所使用的，都是非语音的内容服务。由此可见，终端设备的多功能一体化趋势不可逆转，必将成为市场主流发展方向，带来可观的商业价值。

③以统一信息服务平台为终端的 IPTV 拥有巨大发展空间。IPTV 作为终端融合的代表，有着巨大的发展空间。IPTV 不仅是终端设备的融合，也是将广电网、电信网、互联网三网的各种服务集于一身的综合性信息内容服务平台。IPTV 将三网的信息内容和信息服务集中于一个平台上，再通过单一的终端传送给广大用户，是一种崭新的信息服务模式。一方面，IPTV 简化了用户获取信息和服务的途径，降低了用户获取信息服务的成本，提高了用户进行信息交流的效率；另一方面，IPTV 的发展极大地带动了相关产业的发展，其为内容生产商提供了具有实时交互能力的信息发布平台，为网络运营商提供了统一的终端接收平台，为设备生产商提供了大量的终端设备消费市场，具有相当可观的商业价值。

（3）竞争的压力

①传媒产业介入。终端生产竞争随着媒介融合的发展，传媒产业链也有了根本的改变。内容产业使信息内容实现了规模化生产，三网的融合导致了信息传播渠道的统一化和多样化。面对这种改变，受众在信息的获取上具有更大的自主性，因此如何获得更多的受众关注度就成为传统媒体进一步发展所必须关注的问题。在新的传媒产业链中，传媒产业为了直接将生产的信息内容传播给广大受众，也开始逐步向终端生产领域渗透。

②各高新技术产业投入。终端生产竞争随着产业间竞争的加剧，全球的软硬件技术、电子技术等高新技术产业开始面临着原来领域的竞争基本饱和、难以进一步发展的局面，要想得到发展就亟须找到新的发展空间。例如，软件业巨头微软公司，其所取得的辉煌成就是无可比拟的，它长期垄断着全球操作系统软件市场，为电脑的普及做出了巨大的贡献。然而，尽管目前微软还能够实现盈利，但已经出现了业绩下滑的迹象。大量的企业利润依然来自 Windows 和 Office 这两项数十年前开发的项目。面对这种局面，微软也开始了

向终端设备生产积极渗透。

③终端融合使全球家电厂商展开新一轮竞争。随着数字技术的不断发展，人们对于各种终端设备的要求也逐步趋向于个性化、网络化、智能化和便捷化。传统的模拟家用终端产品逐渐被人们所抛弃，智能化家电越来越受到人们的青睐。

2. 终端融合的形态

通过终端融合的定义可以看到，终端融合实际上包含两层含义：一是基于单一终端设备的功能的融合，二是以终端设备为平台的服务的融合。第一种含义主要是指在单一终端产品上不断增加其功能，以实现多功能一体化为目的；第二种含义则主要是指各种终端设备在公共的功能平台上实现互联互通，提供统一的服务。

对于这两种终端融合，落实到终端生产企业上，其核心就是终端产品技术标准的融合。

（1）设备的融合

终端设备的融合主要是指将多种功能集中于同一个设备，这里有两种方式：一是硬件和技术上的融合；二是特定的内容和服务与特定的终端设备融合，从而产生包含特定内容和服务的终端设备。前者是终端融合的初级形式，主要是通过增加终端设备的功能组合，形成多功能一体化的新型设备，如游戏手机、照相手机、导航手机等；后者是终端融合的高级形式，如亚马逊推出的电子书阅读器 Kindle。

（2）标准的融合

无论是设备的融合还是服务的融合，要想最终实现终端的融合，其关键就是要制定一种新的标准来协调各个终端产品的互联互通。只有建立了统一的标准，产品之间才能互相兼容、互相联通，避免用户在选择终端产品时的重复购买，避免生产企业在生产终端产品时的重复投资。对于终端生产产业来说，谁先能掌握标准的制定权，谁拥有了主导技术标准，谁就掌握了市场的主动权。

第二节　媒介融合的条件与路径

一、媒体融合的条件

（一）技术条件

媒介融合产生的先决条件是媒介技术的发展。在人类媒介的发展中，电话是对语言传播和电报传播的整合，广播是对电话和唱机的整合，电视是对广播和电影的整合，网络媒体体现的是对报纸、广播、电视以及更多媒体的整合。随着卫星技术、数字化技术和网络技术的进步，尤其是作为媒介融合核心的计算机技术的突飞猛进以及这些技术在广电、通信领域的全方位渗透与应用，传统媒介的界限渐渐模糊，新媒体形式层出不穷，一直局限于特定业务的媒介组织开始在政策的允许范围内尝试着拓展自己的业务范围。

（二）社会需求

任何一种新的媒介形式的出现都极大地拓展了信息传播的途径。在今天这样一个信息社会里，人们对信息的需求比以往任何时候都要强烈，而媒介融合可以充分发挥不同媒介的优势，最大限度地满足人们的信息需求。融合媒介与融合新闻把人们带进了一个"内容为王"的时代，人们可以更多更方便地根据信息内容传播的需要，来选择和决定使用什么样的媒介，内容产品的生产进一步与传播的载体分离，载体的使用将完全服务和服从于内容，从而实现内容决定形式的优化传播。

（三）产业政策

媒介融合不仅仅是报纸、广播、电视和网络媒体的融合，而是涉及广播、电视、电影产业、信息通信产业、电子制造产业、出版产业等多个产业，各个产业的规模、组织、市场结构及组织的市场行为都在不同的层面促进或制约着媒介融合的范围和程度。为了推进媒介融合，发展文化产业，中西方国家出台了相应的法规和政策。

二、媒体融合的特征

（一）技术先导性

科技是第一生产力，也是推动媒介融合的直接因素。随着数字技术、卫星技术、互联网技术、多媒体技术的进步，这些技术在传媒领域的应用日益成熟，而以数字技术为代表的新技术的高度渗透性和无边界性使得相同技术可以应用于不同媒体终端，从而导致不同媒体之间的界限日益模糊，新的媒体形态不断出现。

（二）媒介内容的多媒体化

媒介融合过程中的技术创新为媒介内容的多媒体化提供了技术支撑和硬件支持。在媒介融合的大背景下，以数字技术为核心的新媒体技术不断进行发展和创新，催生出新的数字媒体平台，从而能够将所有内容资源都集中到这一平台上进行统一整合、加工，为媒介融合提供内容资源基础。以报纸为例，数字技术、网络技术的融合创新催生出网络报纸制作与发布平台，让传统的报纸内容有了网络媒体发布渠道；移动通信技术和数字技术等的融汇则催生出手机报纸制作与发布平台，由此也让传统报纸内容可以通过手机媒体广泛传播；此外，随着数字技术、显示屏技术等新技术的发展进步，形态更加多样化的电子报纸不断涌现，这又给传统报纸内容提供了新的传播平台。

除了技术融合所提供的拉动作用，媒介内容的多媒体化在很大程度上是媒介融合给媒体带来的市场竞争压力的产物。随着媒介融合的不断深入，各种新的媒介形态和媒介实体不断出现并迅速发展。"内容"作为传媒业的稀缺资源，在媒介融合的时代背景下更具稀缺性。在媒介融合的过程中，内容资源的稀缺性不仅体现在多个（种）媒介瓜分有限数量的内容资源，也体现在同一内容资源需要被发布到不同的媒介平台。

媒介融合所带来的媒介内容的多媒体化，使得内容生产分工变得精细化；而内容融合所带来的各内容生产环节之间的高度关联性，又增加了每一个生产主体在产业链中所扮演的角色。可以说，在媒介融合背景下的媒介生产活动就是一个不断平衡细分化的角色分工与高度关联的生产环节之间关系的过程。在这一背景下，媒介内容的生产者必须具备较高的职业素养，才能适应媒介融合所催生的精细、复杂的媒介生产流程。

（三）系统性

系统性是指媒介融合并不是单向度的，而是一个多维度、逐渐拓宽和纵深的系统化过程。媒介融合的系统性主要表现在三个方面。

第一，媒介融合是多维度的，并且各维度之间具有紧密的联系。媒介融合是随着媒介技术的发展而不断向纵深发展的。在传统媒体时代，媒介融合仅指不同媒体内容之间的相互借鉴、相互融汇，这只能看作媒介融合的初级阶段，甚至不能算作真正的内容融合。随着媒介技术的进步，尤其是以数字技术为代表的新媒体技术出现，媒介融合才开始向纵深发展，除了在内容层面的融合外，在技术融合的推动下，内容接收终端也不断融合出新，新的媒介形态不断涌现，由此也进一步带来电信网、互联网、广电网的相互融合。

第二，媒介融合是一个由弱到强、由表及里的历史性过程。无论是传统媒体时代初级阶段的媒介内容融合，还是新媒体兴起之后真正意义上的媒介大融合，其过程都不是一蹴而就的，而是循序渐进的。首先是技术的融合与创新，以及初级阶段的内容移植，在此基础上催生出各种新的媒介形态，为了适应不同媒介形态的传播特点，内容融合也开始由初级阶段简单的剪切和移植向更高水平的内容创新转型。随着技术融合的进一步发展，不同的媒介形态又将成熟、裂变、融合，终端融合随之而来。

第三，媒介融合的系统性还表现在其多层次、立体化的影响力上。媒介融合不仅对媒介形态、传播内容、传媒产业有着深刻影响，还能改变受众或用户的媒介使用行为。此外，媒介融合除了能影响媒介及其传播过程和产业结构，还有其独特的社会功能，对整个社会环境系统影响重大。

（四）选择性

选择性是指媒介融合的发生和发展是在特定的媒介之间进行的，并不是任何媒介都能够成功地融合，也并不是所有的媒介融合都是按照一个套路、一种模式进行的，这关涉不同媒介的固有特征、传播特点、产业价值链等诸多因素。

当今媒介融合是整个媒介生态的发展趋势，也成为媒介研究不可忽视的时代背景。但媒介融合并不是一股完全不可控的媒介发展潮流，而有其规律性，这种规律性就显著地体现在不同媒介融合的选择性上。报纸能与网络媒体和手机媒体顺利融合产生新的媒介形态（网络报纸、手机报纸），但如果让报纸与广播媒体、户外彩屏相融合，则其过程可能不会像前者那样顺利。因此，媒介融合所应有的选择性不可忽视，这种选择性根植于不同媒介的特性之中，是决定媒介融合顺利与否的关键因素。

从实践来看，媒介融合大体上可分为两种：一是具备相同特性的媒介"组装"在一起，这种融合大多是为了携带、使用上更加便捷，其重点并不在于拓展媒介功能，如将报纸与广播相融合，将收音机模块直接嵌入手机中等；二是具备不同特性的媒介"组合"在一起，其意义在于媒介功能的互补，最终起到拓展媒介功能的作用。① 显然，相较于前者，后者更符合媒介融合的题中之意——媒介融合的重要思路之一，就是它不是在淡化媒介的性质，而是强化媒介的性质，分门别类地利用它们的性质，形成功能互补。

三、媒介融合的一般路径

（一）媒介融合形成的纵向视角

媒介融合已经不仅局限于传统媒体之间以及新媒体与传统媒体之间，各种新媒体之间也日益显现出明显的融合趋势。尤其是随着新媒体之间的技术界限被打破，新媒体融合式发展的速度将数倍于之前的替代式发展。在新媒体的带动下，媒介融合已经成为当今传媒产业发展的时代背景，任何对传媒产业，尤其是对新媒体产业的考察，都不得不关注媒介融合这一背景预设。

1. 传统媒体之间的融合渗透

媒介融合最早表现为传统媒体间的融合渗透。麦克卢汉早在 20 世纪六七十年代就已经认识到新的媒介形态的出现并不能完全取代旧有媒介，而是新旧媒介相互协调，重

---

① 范雪波. 媒介融合背景下新闻传播的未来 [J]. 中国传媒科技，2022，（第 10 期）：53-56.

新构建新的媒介生态环境，从而实现新旧媒介共存共融的过程。电视媒介的出现不会使旧有的报纸、期刊、广播等媒介消失，反而促使这些既有媒介重新定位，谋求新的媒介生态环境中的新地位。在这一过程中，各种媒介相互借鉴，在发展优势业务的同时取长补短。

2. 新媒体之间的融合互构

新媒体之间的相互融合是媒介融合的最新发展。随着新媒体技术的不断进步以及新媒体产业的发展壮大，媒介融合已经不仅局限于传统媒体之间以及传统媒体和新媒体之间，而是扩展到不同的新媒体类型之间。这一现象是媒介融合的新发展，也是媒介融合的必然趋势。目前来看，至少在网络媒体和手机媒体这两种新兴媒体之间，媒介融合已经表现得相当明显。

（二）媒介融合形成的横向视角

1. 媒介整合

媒介整合大致有两种发展趋势：一是新媒体并购传统媒体，使传统媒体成为其内容生产部门；二是一些传统媒体继续做大做强，延伸到新媒体领域，实现跨媒体整合经营。目前来看，一些新媒体已纷纷开始借助传统媒体的新闻生产力，通过商业门户网站或功能强大的搜索引擎，汇聚整合新闻信息，手机短信等即时通信工具的新闻传播功能也越来越引人注意。

除此之外，传统媒体通过计算机辅助新闻报道，通过手机短信获取新闻线索，利用手机和网站搭建受众参与平台，将博客、播客的内容转载（播）到传统媒体上，甚至通过数字技术和网络传播，直接衍生出电子报纸、手机报纸、电子杂志、网络广播、网络电视等新媒体。

2. 媒介大融合

在经历了媒介互动和媒介整合这两个发展阶段以后，由数字技术与网络技术带来的网络、媒体、通信"三网融合"，将为媒介大融合打造出全新的、集多种媒体形式于一体的数字媒体平台。当发展到媒介大融合阶段时，传统媒体与新媒体的界限就已被数字技术与网络技术消融，各种传媒形态都将汇聚到统一的容量巨大、形式多样的数字传输平台中。此时，各种新闻资源信息不再受传统新闻传播的时间和空间的限制，不仅降低了信息存储成本，还可通过多种终端呈现信息产品，并实时更新信息内容，多向传输反馈。受众完全可以通过计算机、手机、电视、电子书报等数字终端，自主地决定信息浏览内容、顺序和时间。

第三节 媒介融合的未来趋势

一、内容融合的问题和发展方向

传统媒体进行内容生产时信息产品只通过特定的单一渠道进行传播，信息内容产品不会以独立的形态出现在流通领域，因此版权的问题能够通过对传播渠道的控制得到保证。但是，随着信息内容的规模化生产，内容产业与传播渠道发生了分离，内容产业的信息内容产品再也无法得到传播渠道的保障，如果不解决内容产品版权保护的问题，作为传媒产业链上游的内容产业的利益将无法得到保护，从事内容生产的内容产业将没有生存的可能。因此，对于内容产业而言，版权管理的问题不只是简单的知识产权问题，更是关系到相关企业能否在竞争中生存下去的问题。在数字技术平台上，内容生产企业对于内容产品的版权保护主要是通过数字版权管理来实现的，而且随着内容产业的发展壮大，还要涉及数字版权管理的标准化问题。

（一）数字版权管理面临的问题

数字版权管理是目前对网络中传播的数字作品进行版权保护的主要手段。DRM 技术作为一种较可靠的数字版权保护技术在发展过程中经历了不断变化，也面临着一些问题。主要的问题有两个：数字版权保护能力的提高和数字版权保护技术的标准化。

第一，数字版权保护能力的提高。任何一种技术在其刚刚出现时都很难做到尽善尽美，总会有一些缺点和漏洞，DRM 技术也同样面临这个问题。但是，随着技术的不断进步，DRM 已经可以实现对同一内容、针对不同客户不同的使用需求随时变更授权内容、对授权时效进行控制、设置免费浏览内容、建立个性化消费模式、设立多元化付费方式等多种功能。

第二，数字版权保护技术的标准化。目前来看，DRM 技术可以说是比较可靠的数字版权保护技术，特别是对于通过网络媒体传播的数字内容，非法用户即使获取了内容本身，也无法使用内容中所包含的各种信息。但是，这样一种较为完善的版权保护技术也有不足之处，那就是由于 DRM 技术目前缺乏统一的行业标准，造成各内容生产企业各自拥有不同的 DRM 标准，而且这些标准之间互不兼容，既造成了内容生产中成本的增加，也为合法用户在获取数字内容时设置了人为的障碍。

（二）数字版权管理的标准化

针对 DRM 技术存在的两大问题，其中保护能力的问题随着技术的不断更新和提高已经基本得到了解决。当前来看，数字版权管理的最大问题是标准不统一，这反过来也会影响对数字内容版权的保护，进而影响内容融合的进一步发展。这一问题的解决主要依靠数字版权管理标准的建立。

第一，建立全球范围内的 DRM 统一标准体系。在 DRM 标准体系中，由开放移动联盟制定的规范最具代表性。但标准的发展永远滞后于技术的发展，而数字技术的发展速度更快，因此想有一个放之四海而皆准的方法只能是一种理想。①

第二，由内容生产商根据自己的偏好来选择标准。由内容生产商根据自己的偏好来选择标准，可以允许不同的标准进行充分的竞争。这种方法在促进市场竞争、推进融合发展的同时会带来资源的浪费，在这样的标准环境下，承载融合业务的网络设备、终端设备必须支持多种标准，这无疑加重了产业负担。

第三，建立包括监督、认证、计费等在内的信用机制。在传播网络方面建立一套包括监督、认证、计费等在内的信用机制，使整个网络成为可以信赖的安全社区，从而实现对版权的管理。这是一种从行业运作的高度来引导市场，把 DRM 放在整个网络建设和网络业务安全的层面上来思考的方法。虽然这种方法在技术上没有问题，但要求包括内容提供商、网络运营商、终端设备生产商在内的各种利益主体要有大局观，从长远发展考虑，而不能只顾眼前利益的争夺。随着数字版权管理标准化的深入发展，我国相关标准的建立也在稳步地进行之中。

二、网络融合的问题和发展方向

（一）网络融合存在的问题

随着三网融合的发展，原来相互独立的三网要做到底层联通、业务渗透和应用融合，必然会使三网在技术、业务、管理机制上产生碰撞。这些碰撞会涉及资源重新分配、受众日趋分化、经营范围逐步扩大、行业利益充分竞争等多方面的问题，这些问题会在各个方面对三网融合产生影响，处理不好就会严重影响三网融合的进程。

1. 监管问题

从本质来看，三网融合是为广大受众提供一个便捷、高效、多样、统一的信息传送平台，这必将影响到各网络原来已经形成的一套监管体制。原先各个网络彼此独立、互不干涉，都有一套成型的管理体制，要进行三网融合，就必须打破原来的监管格局，在法律层面确立统一的监管策略和管理机构。

---

① 曲咏梅.媒介融合趋势下的纸媒发展［J］.传播力研究，2022，（第17期）：67-69.

2. 技术问题

三网在融合过程中，技术上逐渐趋于一致，网络层面可以实现互联互通，形成无缝覆盖，业务上互相渗透和交叉，应用上趋向使用统一的 IP 协议。对于用户而言，只需要面对一个平台，就能满足上网、看电视和语音通话等多种需求。但是，三网如何互相渗透，如何互联互通，还面临诸多技术挑战。

第一，网络技术需要进一步提高。要真正实现广电网、电信网和互联网中的任何一网都能承载电话、互联网和广电业务，在技术上还有着不足之处，如网络带宽，特别是用户接入带宽还应该进一步提高。

第二，三网标准需要统一。三网在构建之初所处的不同业务领域都有各自的技术标准，网络结构、通信协议都不相同，虽然 IP 交换能够作为融合后统一的通信协议，但要使 IP 技术能够在三网融合的过程中充分发挥其优势，还需要对其做进一步改造：一是要解决如何使 IP 协议兼容多种传输介质的问题，使 IP 数据包可以在各种网络中传输；二是要解决在面对不同业务类型时，如何保证其实时交互传送的质量问题；三是对于全网的安全、IP 协议的安全性等问题还需要进一步完善。

3. 业务问题

三网融合将形成一个统一的信息传播平台，这个平台可以为受众提供多种服务，承载多种业务，这必将会使得三网的业务互相渗透，从而导致原来隶属于三网的企业之间的激烈竞争。这种竞争一定要以满足受众和市场的需求为前提，否则将阻碍三网融合的发展。

三网业务的竞争不应该是分割现有的受众资源和市场份额，而应该是充分调动各企业的参与积极性，做大现有市场，促进网络改造和技术升级，最终为受众提供更为丰富、便捷的内容和服务。

（二）网络融合的发展方向

1. 网络融合催生新的网络形态

广电网、电信网和互联网的融合可以催生出新型的网络形态，如我国提出的 NGB 就是一种由网络融合催生的网络应用形态。NGB 就是下一代广播电视网，是有线无线相结合的、支持"三网融合"业务的、全程全网的广播电视网。

在宽带方面，NGB 能够将广播电视核心网和城域网的带宽提高到每秒百万兆比特以上，接入网的带宽能够支持每秒 40 兆比特。

在服务方面，NGB 将原来的单向广播服务方式改变为双向互动与广播相结合的服务方式，将原来的区域性服务扩展成跨区域的服务。

在业务方面，NGB 能够提供高带宽、复杂交互的互动电视类、社区服务类、电子商务类、在线娱乐类、个人通信类、医疗教育类、金融证券类等内容或服务，还可提供视频、数据和语音等多种业务结合的混合业务。

在管理方面，NGB 将原来的区域化、分极化管理变成全局化、统一化管理。

2. 网络融合催生新的市场格局

三网融合既能实现在单一平台或设备上获取多种服务，也能利用多个平台和设备来获得所需要的某一种服务。这种变化将形成一个崭新的市场格局，为产业发展带来新的经济增长点。

以广电为代表的传媒产业通过三网融合，充分发挥对内容占有的优势，降低构建传播网络的成本，借助其他网络扩大了自身的传播范围。电信、互联网产业通过融合获得了信息内容的资源，也提升了自身的品牌。同时，手机电视、互联网电视等新兴业务也得以实现，它们的产生和发展又使得相关行业，如生产电子元器件的公司和光纤光缆公司同时受益。

3. 网络融合催生新的监管措施

网络融合不仅有物理技术的对接问题，更重要的是如何面对广电"一对多"和电信"一对一"的传播规则的问题。如果将"一对多"融合到"一对一"，则表明放开必要的宣传控制权，这必然是不可能的；若反之则会造成传播资源的大量浪费，并且无法满足受众对信息获取便捷性的要求。因此，网络融合需要有新的监管政策来加以保证。

三、终端融合的问题和发展趋势

（一）终端融合面临的问题

从终端的功能到终端设备提供的服务，终端融合都扩展了单个媒介的应用范围，体现了受众要求整合服务的需求，是终端设备发展的必然趋势。但终端融合也面临一些问题。

1. 标准问题

终端融合的关键是标准的统一，各类终端之间的数据交换和兼容性问题是融合的关键。在融合初期，各种标准必然会带来竞争，内容提供商、网络运营商、终端设备生产商以及各类技术联盟都将展开标准的争夺，各类标准之间的冲突会阻碍融合的进程。

2. 政策问题

目前来说，国外对新媒体领域的对外开放策略较有利于终端融合的发展，但我国对新媒体领域的管理是包括在整个媒体管理体系中的，首先保证的是广电系统对媒介内容的绝对控制权。在终端融合的服务领域，广电行业居于主导地位，国家政策倾向于对广电业的支持，电信业没有获得对等的开放。

3. 管理问题

目前来说，终端的管理还处于多元化状态，主要体现在多重行业的监管造成的对进入的限制和对发展的制约。要解决这一问题，在统一监管还难以实现之前，只能靠加强广电和电信之间的监管合作来实现。

（二）终端融合的发展方向

1. 进一步满足受众的需求

随着内容融合导致内容产业的出现，信息内容的生产实现了规模化。受众面对海量的信息内容，对于信息内容的需求逐步由单一到多样，由单向接收到双向互动，由定点、定时获取到任意时间、任意地点、任意形式的使用转变。随着终端融合的不断发展，新型的多功能一体化终端设备不断出现，新兴的基于特定终端设备的特定服务不断开发，使得广大受众进行信息交流的效率大大提高。

2. 促进产业链成员的业务扩展

随着媒介融合的不断发展，传媒产业链发生了巨大变化，由原来各种媒介单独进行信息内容的生产、传播、接收向统一的内容产业、网络产业、终端产业转变。在转变过程中，整个产业链中上下游产业成员相互之间也在不断进行业务的融合。上游的内容产业不仅满足于进行信息内容的生产，也开始向终端设备生产发展，使其生产的信息内容能够在特定的终端中得以广泛传播。

第四节　媒介融合的功能和影响

一、媒介融合对传媒产业的影响

（一）媒介融合推动了规模经济与范围经济的效应

在特定的区域中，存在竞争与合作关系的，并且在地理上集中、具有交互关联性的企业、专业化供应商、服务供应商、金融机构、相关产业的厂商及其他相关机构等组成具有结构特性的群体，不同产业集群的纵深程度和复杂性各不相同，代表着介于市场和等级制之间的一种新的空间经济组织形式。为了适应经济全球化与产品生产方式变化，促使了这种新的组织形式的形成。这种新的组织形式可以带来两个好处：其一是规模经济，其二是范围经济。①

规模经济也称"规模利益"，是指在一定科技水平下生产能力的扩大使长期平均成本下降的趋势，即长期费用曲线呈下降趋势。规模经济分为如下两类：内部规模经济和外部规模经济。所谓内部规模经济，是指在一定的技术条件或生产要素投入价格比不变的情况下，单个企业在生产或经营单一产品的过程中，由于企业规模的增加，导致产品生产或经营成本不断降低而产生的收益递增现象。所谓外部规模经济，是指相关及支持性企业结成紧密的生产网络，通过专业化协作和不断创新，导致网络内企业产品生产的长期平均成本大幅度降低，实现规模基础上的收益递增。外部规模经济与产业集群有着密切的关系，外部规模经济最终导致了产业集群。当产业持续增长，特别是集中在特定地区时，将会产生熟练劳工的市场和先进的附属产业，或者产生专业化的服务性行业。事实上，除了规模经济可以促进产业集群，产业集群对实现规模经济效应也有一定的能动作用。其主要体现在两个方面：一方面，产业集群内部企业通过激烈的竞争，得到发展和壮大，最终获取了内部规模经济；另一方面，集群内的企业之间结成了紧密的生产经营网络，开展着极为细致、密切的分工协作，这种合作不但涉及发包商和承包商之间为了及时、定量地生产高质量的产品而进行的互补行为，而且涉及竞争对手之间通过合资、合作或建立联盟等方式共同进行研究开发或生产销售等价值创造活动，实现外部规模经济的行为。

范围经济是产业集群带来的另一个好处。所谓范围经济，是指由企业生产经营的领域范畴而非规模带来的经济效应，即一个企业同时生产两种或两种以上的产品所消耗的成本，低于两个或两个以上企业分别生产等量的一种产品所消耗的总成本。因为产业集群内部有着严密的分工与协作体系，企业通常更集中于生产某一专门的产品或从事价值活动的一部分，同时利用自身的技能与其他企业紧密合作，协同参与价值链的全部增值活动。对于这种模式，一方面专门化生产利于企业专有技术的开发和核心竞争优势的形成，从而大大提高企业的生产率，降低产品的单位成本；另一方面，大量企业集中于一地，可以方便各个企业充分发挥自身的技术优势，与其他企业合作共同生产多样化的产品。大量专门化的企业联合起来生产大量多样化的产品，最终就实现了企业的范围经济。

（二）媒介融合改变了传媒产业的经营模式

媒介融合使得产业集群得以形成，而产业集群主要是通过传媒产业成本的递减特性带来规模经济和范围经济效应，但不管是规模经济还是范围经济，均与传媒产业的经营模式有关。

首先，经营模式在某种程度上决定了规模经济和范围经济的实现程度。产业结构的构

---

① 任芙蓉．媒介融合的现状及对传媒业的影响［J］．新闻文化建设，2020，（第10期）：13-14.

成关键以及产业运行模式的重要方面在于产业内部各企业之间的分工协作关系。产业结构的合理与否，直接决定不同企业之间的协作效率能否得到提升、生产成本能否降低。产业结构具有合理性说明其内部各企业间形成了有机、紧密的分工协作关系，其为企业之间实现最大限度的外部规模经济和范围经济提供了条件。此外，合理的产业结构和产业运行模式也可以为单个企业内部提高生产经营效率、最大限度地争取内部规模经济奠定基础。

其次，追求规模经济和范围经济效应还能对传媒产业经营模式的优化有所刺激和推动。产业集群能够形成规模经济和范围经济，集群导致的合作-竞争效应使产业内部各企业之间以及产业之间形成竞合关系，只有不断对产业结构加以重构、实现产业模式优化，才能保证持续的合作竞争关系，从而最大化地实现规模经济和范围经济，从根本上避免出现规模不经济和范围不经济现象。在此背景之下，处于集群中的各企业不断学习与创新知识，不断磨合和改善与其他企业之间的合作竞争关系，从根本上实现产业经营模式的改善与优化。

（三）媒介融合促进了产业的融合

假如将媒介融合当作传媒产业发展的起点，那么由媒介融合所促成的产业融合就相当于传媒产业发展的归宿，也象征着其发展的成熟。总体来说，传媒产业的融合涉及四个方面：技术融合、内容融合、网络融合和产业链融合。它们相互交织在一起，共同推动新旧媒体产业的融合式发展。媒介融合的题中之意是技术融合与内容融合。媒介融合与产业融合由网络融合连通。网络融合为媒介实体从媒介融合层面向产业融合层面纵深发展提供软硬件保障和网络框架。媒体产业链的融合是技术融合、内容融合和网络融合的最终归宿和目的。应该说，媒体产业链的各个环节只有实现了无缝连接，才能使传媒产业的融合式发展模式真正实现由媒介融合向产业融合的彻底转型。

1. 传媒产业融合的先导为技术融合

新媒体产业发展的一个重要特点是技术先行。网络媒体是由计算机网络技术造就的。手机 5G 时代的到来离不开移动通信技术的发展。使网络媒体与手机媒体如虎添翼的更离不开数字技术。然而，媒介技术，特别是新媒体技术起初就不是独立存在的，而是相互支撑的，信息数字化使其能够在多种媒体之间任意转换和传播，网络技术和移动通信技术将信息终端连接为一个有线或无线的网络，为数据信息的流动提供了渠道。对于新媒体产业，应该说，其是建立在技术融合的基础之上的。然而，各种新媒体技术的再次融合，反过来又促进了新媒体产业的融合与渗透。例如，VOIP 网络电话的出现是由音视频技术、互联网技术和数字技术的彼此融合催生而来的；IPTV 的出现离不开互联网技术与数字技术融合；手机广播和手机电视等的出现归功于移动通信技术与数字技术、计算机网络技术相互融合。

2. 传媒产业融合的核心为内容与服务

如果说媒介融合的驱动力是技术，那么媒介融合的内核则是其所提供的内容和服务。媒介融合市场的开辟很大程度上离不开技术的支持。然而，融合后的传媒产业要想留住用户关键在于内容和服务。因此，当今的传媒产业不应仅停留在各种高科技载体的成绩中，而要利用高科技的平台，努力发展内容产业，融合并创新媒体的内容与服务。

在新媒体时代，整个新闻传媒界表现出的一个突出特点是"内容为王"。当新媒体技术与传播渠道不断融合时，假如内容产业仍然停滞不前，不积极进行调整与整合，那么将会失去大量的用户和市场，使技术沦为徒有其表的金缕玉衣。只有对技术与需求的内容服务加以整合才能最终赢得用户。

融合发展的传媒产业所提供的内容与服务也应该是整合的。这种整合具体体现在：既要适应融合了的技术与渠道，又要整合多层次、全方位的用户需求。就手机网络视频而言，网络视频的特色在于海量、互动、实时，将其与手机相关联，用户就能通过手机终端随时随地登录互联网观看视频，所以其内容就要进行相应调整，目的是顺应手机用户的需求。除了保持网络视频的实时、互动等优势之外，还应考虑到手机屏幕小、存储空间有限、用户需求等多种因素，制作出适用于手机用户的网络资源。

3. 传媒产业融合的外部表征为网络融合

网络融合有两层含义：其一，在数据传输方面的技术标准的统一或融合，如基于 IP 技术的网络融合的 TCP/IP 技术；其二，主要指应用方面，将原本不属于同一系统的网络整合到一起，实现不同网络的互联互通。后者属于新媒体时代传媒产业的网络融合，即应用层面的网络融合。实现网络融合的重要基础就是新媒体技术，如数字技术、网络技术、移动通信技术；网络融合的硬件设备源于广电网、电信网、互联网等既有网络的优势。

从传媒产业融合的内涵看，传媒产业融合的外部表征为网络融合。"三网融合"——电信网、广电网和互联网的融合共同实现了网络融合。从形态上分，三网融合有两种：横向融合和纵向融合。广电和电信的融合、有线和无线的融合、移动和固定的融合属于横向融合的范畴。网络、终端和内容之间的融合属于纵向融合的范畴。由于电信网、互联网、有线电视是分属电信业和广电业两大产业的核心资源，因此它们的融合属于产业层面的融合。

就推动传媒产业融合的作用来说，网络融合可以为新媒体产业融合提供软硬件保障与网络架构。对于网络、设备等基础设施的建设，电信网、广电网和互联网分别有着各自的优势，如果可以实现三网融合，不但可以充分利用和发挥三网各自的优势，而且能在互联网互通中实现三网资源的优化配置，从而推动传媒产业的发展。

4. 传媒产业融合的归宿和出路为产业链融合

传媒产业舞台的搭建离不开技术。传媒的核心与实质在于其内容与服务。要真正实现经济价值，必须将技术、内容和服务产业化。媒介实体只有先形成一条环环相扣的产业链才能变为一种产业。

网络媒体有网络媒体的产业链，手机媒体有手机媒体的产业链，各个产业链环节分工协作，成就了新媒体各自的商业价值。

随着技术的不断进步，不同媒体形态逐渐得到了融合，其也大大推动了不同媒体产业链与价值链的融合。传媒产业融合的最终出路在于，对传媒产业各个产业链进行整合，从中找到一个最合理的产业链融合模式，然后将融合后的产业链做到优势互补、合作共赢。

当实现了传媒产业链的有机融合后，产业链中共享价值活动出现的"交叉点"以及对"交叉点"的优化整合所带来的价值增值是单一产业链所不及的，所以要想实现传媒产业链的融合，就应努力为不同产业链交叉点的产生制造条件，尽可能增加这种产业链交叉点的数量。这就需要传媒产业在整合产业链的过程中，对不同产业链之间的内在联系进行认真分析，弄清传媒产业链各个环节的价值增值功能，从而使产业链交叉点的价值创造力得到最大程度的发挥。

二、媒介融合理念对新闻传播模式的影响

(一) 传播者从"术业专攻"到"通才全能"，同时分工细化

随着媒介融合的程度越来越深，传播者应该从过去只需具备单一媒体的操作技能、术业有专攻的"专才"变成精通数字传播技术、掌握多种媒体采集、编辑、发布技巧的"通才"。一些学者认为，在媒介融合的背景下，应该大力培养两种人才：一种是可以在多媒体集团中整合传播策划的高层次管理人才；另一种是可以运用多种技术工具的全能型记者编辑。对于前一种传播者来说，一定要具备信息内容生产、高新技术应用、发展战略策划等各种素质，从不同角度统筹集团内部多媒体在对媒介产品生产、发布、营销过程中所用资源的整合共享与交叉互动。对于全能型记者编辑而言，采、编、摄、制作等业务方面的要求越来越高，这些传播者每天除了要采访，根据采访时获得的资料写专栏文章，为电视台提供最新报道，甚至要编制一个相应的电视节目，还要为第二天出版的报纸写新闻稿。因为有着高强度、高负荷的工作，所以记者编辑总是面临巨大的挑战与压力，并且对传媒集团的高级管理人才而言也是如此，他们要通盘把握人才的激励因素与集团的资金管理，进而保障整个集团的完整运作。

对整个传播过程的拓展与深化，主要基于传播者由"术业专攻"到"通才全能"的形态变化。在生产媒介产品的过程中，传播者扮演着多岗位、多智能的生产者的角色。对于记者来说，仅仅面对媒体融合的现实，知道如何"写"是远远不够的。在为不同媒体写同一事件时，记者的写作形式与重点一定要有所差异，应该分别用文字、音频、视频等多种手段制作出适合某一媒体刊登、发布、播出的内容。

然而在另一方面，我们要知道，"通才"型新闻人才的培养并不意味着记者要"一个顶三"地身兼数职，而重要的是在媒介融合的背景之下，记者要养成一种多媒体的思维方式，当发生了新闻事件时，记者可以迅速拟出利用多媒体手段进行报道的方案。但在新闻生产的环节之中，媒体融合带来的新闻岗位的分工要比单一媒体时代更加细致。比如，在某些一般性的报道中，如对一次社区活动的报道，报纸可能仅要一张照片，而电视台只要20多秒的录像，网络仅需要300字左右的报道，此时没必要分别派出一名摄影记者、一名摄影师、一名文字记者，仅需要一位"通才"型记者去完成照片、录像、文字报道的工作，所采集的信息产品以不同形式供应给相应的媒介；然而这位"通才"型记者完成照片、录像、文字报道的工作，所获取的信息产品以不同形式提供给相关媒介；然而这位"通才"型记者交给不同媒介的产品可能仅为一个"信息半成品"，其有着基本的信息要素，需要进一步的加工、呈现才能发布出去，这项工作可能会通过另外的负责专门媒体的编辑完成。这样信息的采集和发布就有了更为细致的分工，具备多媒体技能的记者主要是扮演好在信息生产中的"采集"者的角色，提供可以进一步加工的信息"预制构件"完成自己的任务。在某些重大新闻事件的报道中，多媒体联合的报道团队将有更为细致的分工与合作，通过团队作战进行报道。

可见，在媒介融合的趋势下，对于传播者来说并不仅仅是传播技能的多媒体化那样简单，其更意味着传播者要根据新闻信息的多媒体采集、生产、发布的需要，而调整从业人员的定位，对其生产流程进行进一步的细分，以便提升传播的效率。

（二）信息从重复叠加到整合连贯，同时各具特色

在提出媒介融合前，巨型传媒集团虽然也有多个媒体平台，但它们往往是各自为政地进行纵向的流水线式经营。在此媒体运营理念的指导下，提供给受众的大部分是传统的信息密集型的媒介产品。其中，即便存在多种媒体之间的交叉，如报纸纷纷创办电子报纸、电视台办网站等，但受众从这些媒体中接收到的信息同质化情况严重，一般是信息的重复叠加。

而媒体融合将会打破单一的传统媒体生产流程，从而使多个媒体平台承载多媒体内容的生产。例如，在媒介集团中成立独立的"媒体融合中心"，专门负责对信息资源进行创

造性的重组与"研发",而不是简单的信息合并。通过全新的组织与整合,新闻产品不再是单落点、单形态、单平台的单一形式,而是在多平台上形成多落点、多形态的形式。[①]尽管信息资源的来源和基本内容是共享的,但最终的媒介产品不同,应针对媒体的不同特点,选择不同报道角度、报道方式,体现媒介自身的个性。

根据受众的需要和满足理论,受众会主动地选择自己偏爱与所需的媒介内容与信息,不同的受众能通过同一媒介集团旗下的不同媒介来满足自身不同的信息需求。这样,一个媒介集团能够通过自己的整体媒介产品链,实现信息资源的最优化利用,用更完备的媒介获得新的受众。

(三)渠道从各自为营到互动整合,同时分组多元

将更多的精力放在单一媒体的内容传播上,是传媒公司在渠道建设上的传统做法。然而,媒介融合将视野放在各个子媒体,获取渠道资源的交叉共享与效益,实现共赢。

互动与整合是媒体融合实践的两大特点。各个子媒体分享新闻线索、新闻资源,合作进行新闻报道,合作开设新闻栏目;不同媒体介质之间灵活穿插,报纸的报道在网络上延伸扩展,网络中的精彩内容能进入报纸,电视融合了报纸和网络的内容。各种媒体产品能够灵活组合,各个媒体的内容能够更方便地实现相互嵌入。应该说,子媒体不但是自身媒体内容的包装者、发布者和推广者,还是同一集团下其他子媒体的宣传窗口、内容分销商。

(四)受众角色从单一线性到多重交叉,同时分众传播

在"受众"一词中,"受"与"众"两字精练地刻画了传统媒体的传播范式。"众"和"寡"是相对的,意思是传统媒体掌握着稀缺的传播资源与渠道,就某个目标展开传播;"受"则表现了传统媒体缺乏与传播对象互动的能力,传播对象通常仅能被动地接收信息,媒体难以即时了解其反馈。在此传播模式下,受众角色为单一的、线性的。

然而,媒介融合实践的产生,促使受众的角色发生了改变。受众可能会在同一时间一边上网浏览新闻,一边发帖表达自己的意见;还可以在看电视、听广播时,通过手机发送短信参与节目。受众同时扮演着观众、听众、读者、参与者和用户等角色,与媒介展开多途径、高频率的互动。

不论是哪种性质的新闻媒介,其一切功能目标实现的首要前提就是受众的接触与选择。不管从哪方面看,受众对媒介的成败与生存均是一个至关重要的制约因素。要想在市场上占有一席之地,并且赢得受众,这是媒介的必然选择。对栏目受众的定位是占有市

---

① 江晓岚. 浅析媒介融合及其影响 [J]. 传播力研究,2019,(第 30 期):86.

场、赢得受众的第一步。也就是说，应该确定媒介整体与所设栏目的明确的传播对象，解决向谁传播的问题。还有人指出，因为新传播科技聚焦在多样化的专业信息，大众社会逐渐转变成"区隔社会"，所以受众日渐因为意识形态、价值、品位及生活风格的不同而得以分化。

在媒介融合的趋势下，受众的地位已经从被动转变成主动，已经不满足于传统媒介单向的受传关系，更追求双向互动的平等传播，已经不满足于信息同质的大众化传播，更偏好提供适合小众和个性化的信息服务。实现这一系列转型的一个重要手段就是媒介融合。当受众趋于分化时，客观上应要求现有的各类相互独立的媒体优势互补、融合，从而将更加全面、丰富的信息和内容通过各种媒介及时、优质、快速、低成本地传递，目的是满足不同受众的需要。这种通过多种媒体平台的交叉渠道，整合传播内容，对信息加工加以分类，用不同的渠道传播至特定人群中，提供给细分的受众优质、高效、独一无二的信息产品。另外，特定受众对信息内容质量要求的提升，也促使媒介进一步调动各种传播手段与途径以满足这种需求，进而促进了媒介的融合，并且形成更加良好的传受关系。

通过媒介融合，媒介集团利用其在规模上的优势，将可能扮演不同角色的受众最大限度地收归旗下，提升受众对整个媒介集团的美誉度与忠诚度，进而争夺其他传媒集团的受众群体，扩大自身的市场份额。

（五）传播效果从一元效果至复合效果，并且分别影响

传媒公司之间应该通过收购、合并等手段，进行产权、营运、产品的整合，形成了大规模的多媒体集团，通过同一集团下各个媒体间的相互支持、回馈与促销，达到了彼此造势和增值的功能。假如在互联网上进行实时电视广播，或者为上网手机提供文字、图片及影像信息，同一集团里不同媒体的内容的互动与整合，可以发挥协同效应，促使媒体资源用途的多样化，相同的信息用不同形式，包装成用于不同媒体的产品，一物多用，扩大了市场，用相对节省的成本获得较大的收益。

在媒介融合的背景之下，要注意的是，尽管传播渠道有一个集中的过程，但各种媒体作为接收的终端是分散的，传播的最终效果仍然在每一个接收终端独立地实现着。不过，在最终评价某一新闻信息的传播效果时会将这些相对独立的终端媒体的效果统合起来。

与传统媒体的单一效果相比，此模式的传播效果更优质。由于传播者不再拘泥于单个媒介集团各自的操作经营，而是站在更高、更广的角度对整个传媒集团的优势资源进行审视，对传播过程进行整合，获得规模效应，形成人才、产品、渠道、终端等各个方面的竞争优势。

三、媒介融合时代用户的全新体验

（一）全媒介冲击

借助数字技术与终端的发展，新闻产品实现了全媒介的呈现，涉及文本、照片、视频、音像、图表等，这种全媒介给用户带来的体验冲击是前所未有的。当前的屏幕技术不适合长时间阅读文字，视觉化信息可以更加高效地传达，并且增加愉悦感，典型的视觉媒介涉及图表、照片和视频等。

（二）屏幕成了视觉终端

在人类信息传播的历史进程中，纸张曾经在很长时间里占据着主要视觉介质的地位，静态化信息能够通过纸张的承载得到完整的传播。然而，电视的诞生开启了人类的屏幕阅读时代，随着显示技术的不断更新，人类已经能制造出更加轻薄、生动的电子屏幕，甚至涉及纸化体验的反光式 E-ink 屏幕。假如说造纸术使知识信息得以真正在大众普及开来，那么屏幕时代的到来将会扩充介质可承载的信息容量，从根本上提升信息传输的效率。

与纸张相比，屏幕能够承载的信息的形式更为丰富，除了静态的文字、图片，还有动态的影像与画面，但随着显示技术的发展，屏幕的显示素质已经达到其至超出了人眼可以察觉的范围。对于信息传输的效率，屏幕的成像原理使其信息能通过数字信号的方式得到传输，屏幕仅仅承担终端功能，摆脱了纸张等实物介质的限制，从根本上提升了信息传输的效率。

如今，数字化新闻产品已经深入人们的生活，人们主要依赖屏幕获取新闻信息，不管是电视、户外显示屏、手持移动终端还是个人电脑，屏幕已经成了新闻信息的核心视觉终端，越来越多的新型移动终端开始"屏幕化"，即终端的外部形态接近于一块"屏幕"，如只能触控手机与平板电脑，其直接使屏幕尺寸成了划分终端类别的标准。究竟屏幕化时代对新闻产品有怎样的意义，用户的体验会因屏幕而产生怎样的变化呢？

1. 丰富了内容呈现能力

随着显示技术的不断革新，屏幕的内容呈现能力有了极大丰富。比如，"视网膜"时代的到来，给用户带来了不一样的体验。显示效果锐利的屏幕使电子书的字体变得更为清晰，高清电视及图片均无比清晰，可以涵盖更多细节。

2. 高清化的影像传播

不管是在传统互联网还是移动互联网的发展进程中，受限于网络传输环境与显示设备，图片与视频通常被压缩得很小，像素与分辨率极低，根本无法满足用户对图片的观看需求。

随着网络传输能力的迅速增长、图像处理技术与显示设备的快速发展，互联网的图片与视频均朝向高清化的方向发展。

对于用户而言，获取信息的愿望源于人类对社会或者自然界新近变动的事实信息缺乏感知造成的对未知的恐惧，只要条件允许，用户倾向于接受尽可能多的信息。以往，技术条件对人们想享受高清图片造成了限制，而如今如果技术成熟，用户就会直接选择欣赏高清图像。

对于平面设计师与出版界而言，屏幕分辨率达到印刷品的标准就说明电子读物的显示质量从此能够在硬性指标上与纸质媒体相抗衡，排版过程中可以使用的字体及控制文本也有了更多选择。也就是说，我们能在这种屏幕上欣赏到非常逼真的画面，一旦这种高质素的"视网膜"屏幕在终端上被广泛使用，将对擅长视觉表达的融合报道产生重要意义。

3. 电子墨水屏幕

电子墨水是由大量微胶囊（大概是人的头发直径大小）组成的。每个微胶囊中都有悬浮于澄清液体中的带有正电荷的白粒子与带负电荷的黑粒子。设置电场为正时，白粒子向微胶囊顶部移动，所以呈现白色。与此同时，黑粒子被拖到微胶囊底部，处于隐藏状态。如果施加的电场是相反的，黑粒子出现在胶囊顶部，将会呈现黑色。

电子墨水具有很多优点：其一，同其他显示技术相比，电子墨水的反射率与对比度更好，其可以提供像纸墨一样的体验，降低用传统屏幕长时间阅读产生的视觉疲劳，甚至可以克服其他屏幕在亮光下难以阅读的缺陷；其二，由于电子墨水的质地非常柔软，因此其既可以用在纸上，又能打印在布上；其三，与其他显示工艺不同，电子墨水可以保持图像达周数，并且不耗费电能。

4. 移动编写的屏幕化终端

因为所拥有的物理形态与特性是以移动便携使用为导向的，所以移动终端被冠以"移动"之名。当屏幕成为信息视觉终端后，随着触控互动的兴起，移动终端开始向"屏幕"终端的方向发展，即终端的外在形态围绕屏幕进行设计，为用户带来了观感体验及摆脱了键盘鼠标的束缚，屏幕成了终端的全部。这时，屏幕的尺寸、重量及厚度就成了衡量终端便携程度的重要标准。而终端越来越移动便携的特点直接提升了用户获取信息的能力，进而丰富了用户的使用体验。

（三）全新的交互体验

1. 触摸

在触摸时代到来之前，主要的指点设备是鼠标。与触摸屏设备相比较而言，鼠标更加精准，其缺点是其属于一种间接指点设备。也就是说，当用户看到屏幕上显示的物体后，不能直接在屏幕上点击，而要移动桌面上的鼠标控制屏幕位置上的指针。可见，鼠标在操作时不如触摸那样自如。

因为平板电脑或手机的体积都很小，属于便于携带的终端，所以其使用环境的特点与传统的需要固定在某处才能输入的计算机有所不同，人们可以像对待手表、眼镜等随身物品一样使用它们，用触摸技术就能实现交互的需求。在将来，基础操作命令的主要方式应该是触摸交互。

2. 声音

在媒介融合的新时代，出自新闻现场的原声与记者主持人的背景旁白频繁地镶嵌到融合新闻报道中，但对用户的声音交互仍然有待发掘。

通过人声与智能终端进行交互，录入信息，使语音录制成为新时代的"键盘"，能从根本上解决文字输入的问题，并且实现远程遥控。

3. 体感

很久以前，人们就盼望体感技术的出现，在很多科幻影片中均能看到体感装置技术对人类生活的改变。事实上，对于如何使用户体会到新闻现场的场景，运用体感技术就是一种很好的选择。

对于融合新闻报道而言，在对新闻空间现场进行叙述时，阐述大段文字或展示二维图片视频，还不如在虚拟空间的体感来得真切。在将来，很可能会实现以游戏场景模拟新闻现场，亲身"移动""转向"，从各个角度观察新闻现场。

第四章　融合新闻的生产过程

第一节　融合新闻信息采集

所谓"信息采集"就是新闻工作者为搜集新闻素材所进行的活动，即传统新闻报道中的采访活动。新闻采访是新闻工作的主要组成部分，是新闻写作的基础、前提和保证，任何想办好报纸、广播、电视、通讯社、网络等新闻媒体的新闻从业人员，无不从加强、健全的新闻采访着手。因此，新闻界总是流传着"七分采、三分写"的行话。《中国大百科全书》中将新闻采访条目解释为广大记者为了获取新闻对客体所进行的观察、询问、倾听、思考和记录等活动，诠释了记者在采访活动中的主观能动性，即对耳、鼻、眼、口、舌五官的调动采集信息，因而有学者将新闻采访定义为记者认识客观实际的活动，或是主观认识客观的调查研究活动，这实际上强调的是新闻采访活动的技巧。但相对于传统新闻采访活动，融合新闻的新闻素材搜集工作，不仅有传统意义上的采访技巧，而且多媒介符号元素与一体化、共享式的生产平台也突出了"集"的概念。信息采集概念既包含又区别于传统的新闻采访概念，指为出版的融合新闻生产在信息资源方面所做的准备工作，包括对信息的收集和处理。

一、新闻五要素

新媒体时代，虽然新闻记者在新闻传播中依然占据主导地位，但社会公众发布新闻信息和表达观点的权力得到充分尊重。全民参与新闻的意愿变得越发强烈。基于此，新闻从业者在采集新闻上可以可分为直接采集和间接采集相结合的方法。

直接采集和传统媒体的采集方法一样。在考虑新闻价值的时候要考虑到五要素：时新性、重要性、显著性、接近性、趣味性。

第一，时新性：就是要考虑到新闻时间是不是最近发生的事实或者新闻内容是不是具有新鲜性。

第二，重要性：要考虑到新闻事实报道对于受众的影响范围和影响程度，同时要考虑新闻事实对于社会影响时间的长短，空间范围的大小。

第三，显著性：要考虑到新闻事件当时人的显著性，领袖、权威、社会精英的新闻往往比普通百姓的新闻要吸引人；同时要看到事实本身的显著性。

第四，接近性：这里的接近性是指距离上的接近性，发生在受众自己身边的事情比发生在其他地方，甚至国外的事情对人的影响更大。接近性还包括物理距离，心理距离的接近。

第五，趣味性：趣味性包括与人们利益的相关性、非常态的事实、有人情味和情趣性。非常态的事情就是经常说的"狗咬人不是新闻，人咬狗才是新闻"。

明确了新闻的五要素了，记者就可以扛着摄像机，带着录音笔，拿着照相机，带着采访本亲自去发掘新闻。在采集中，新闻记者要时刻保持新闻敏感，只有这样才能见微知著，发现新闻深层次的价值、才能充分地挖掘新闻素材，快速找出最适合的报道角度。

二、多媒介符号采集

传统的新闻传播业务是以单一媒介形态为基础的，新闻采集与新闻载体也尚未分离，新闻采集主要为某一新闻载体服务。这主要表现在传统新闻报道主要采用单一的采访方式收集信息，文字、图片和摄像记者各自有明确的分工，独立完成工作，一个记者不会同时肩负两种以上的信息收集工作，因而他们主要负责满足特定媒体的需要，并不考虑其他媒体的需要。传统媒体不存在可以采集多媒体素材问题，报纸记者采集图文素材，广播记者采集音频素材，电视记者更多还是采集视频素材。[①] 针对某一新闻事件，单兵作战、多媒介多人多次采集成为传统新闻报道采访活动的主要方式。

而融合新闻是文本、照片、视频段落、音响、图表和互动性的集合体，在信息采集阶段就要考虑文字、图片、音频、视频等多媒体素材的搜集问题，它对多媒体素材采集的要求非常高，如果前期没有采集到充足的多媒体素材，后期的融合呈现也就无从谈起。

目前，根据媒介单位自身的组织架构和发展需要，融合新闻采集有两种路径。

一是多媒体合并组成的"团队记者"采集。在媒介融合发展的早期，不同媒介介质合并或联合，组成全媒介新闻中心，包括报纸，电视、广播等。当有突发新闻报道时，不同媒介介质的记者组成一个团队或小组前往新闻报道现场。他们不再是报纸记者或电视记者，而是为新闻中心中所有的媒体采集新闻的专业记者团队。他们的新闻作品是多媒体形式的——文字报道、新闻图片，现场录音，新闻录像等。与此同时，在团队作业的前提下，新闻采集与新闻载体是分离的，团队成果不为某一个载体所独有，载体的使用完全以

---

① 刘冰 . 融合新闻流程探析［J］. 中国出版，2017（8）.

新闻传播的整体效果最优化为目标。

这种"团队记者"的信息采集形式依赖的是各个媒介记者之间的默契与合作，但对于同一屋檐下不同媒介形态的媒体，新闻中心也会制定一些规定来协调彼此之间的利益和关系。

二是具有多媒体技能的"背包记者"采集。"背包记者"就是现在媒介融合所说的"全媒体记者"，报道融合新闻是他们的日常工作。在新闻现场，"背包记者"具备多媒体技能，会自主地收集多种形态信息，身兼文字记者、摄影/摄像记者等多重角色。与"团队记者"协作采集不同，"背包记者"往往是单兵作战，收集各媒介信息。

一名"背包记者"需集采、写、摄、录、编于一体，既要掌握熟练的文字技能，也要熟知网络技能运用及现代化设备操作，多形态收集新闻素材，多角度挖掘新闻事实。[①]

在以用户为导向的新时期，为满足用户需求、增强用户体验，新时期的融合新闻采集不仅要求"背包记者"掌握传统媒体报纸、电视、广播的采、写、摄、录、编，还要求具备直播、VR（Virtual Reality：虚拟现实，又称灵境技术）、AR（Augmented Reality：增强现实）、无人机等更多的媒体技能。

新时期的"背包记者"更喜欢以"全媒体记者"来指称，随着媒介终端发布渠道的增多，新闻采集的媒介符号元素也趋向多样与融合，对记者融合"新闻采集"能力更突出"全"的要求。

但这种单兵作战、一次采集，多种生成的新闻信息采集模式困难重重，被大多数学者所诟病。从逻辑上分析，当面对更加复杂的新闻事件时，"全媒体记者"很有可能遭遇尴尬的局面。有记者坦言，有时根本没有时间切换记录工具，更别说要完成几种不同形式的采访。即使时间充裕，在与当事人进行交谈的过程中，如若从录音笔换成摄像机的举动也会引起被访者的不适。记者个体无法承担多项全能。如果把"融合新闻"等同于超级记者的个体行为，无疑是片面的。因为实践证明，这种依靠单个的"超级记者"完成的新闻报道虽然能够跨媒体采用，但由此引发的问题也十分明显。一是截稿时间有时无法保证；二是在高强度的压力之下，一个记者要完成提供给不同类型媒介的新闻报道，往往避免不了内容、报道角度和形式的重复。更有学者指出，一个人不可能，也不应该十八般武艺样样精通，样样精通其实就是一样不通；"全媒体记者"在很大程度上体现了传统报业面对新媒体竞争时的集体焦虑感，并不是一个解决问题的成熟方案。但无论怎样，"全媒体记者"仍是媒介融合下记者实现多媒介符号采集培养的一个重要方向，也同时激励着记者不断学习新的媒介技能，掌握新的媒介符号采集手段。

---

① 蒲红果．融合新闻生产方法论初探［J］．中国出版，2020，（第20期）：28-32.

三、用户生产内容的采集

融合新闻的信息采集不同于以往传统媒体，新闻记者在从事新闻采集加工的过程中，社会公众发布新闻信息和表达观点的权利得到充分尊重，来自公众的信息本身就成了新闻内容的重要组成部分。这是融合新闻信息采集的重要特征。

融合新闻包含文字、图片、音频、视频及互动设置等多种媒介表达元素，而在传统媒体中，电视在多种媒介元素的运用方面已经表现出很强的融合特征。"电视新闻报道在容纳影像、声音、文字、图片的时候非常容易操作，具有黏合多种媒介元素得天独厚的技术优势"，但即便如此，学者们仍未将传统意义上的电视新闻报道纳入融合新闻报道的范畴。究其原因，在于"欠缺互动设置这一关键性媒介元素"。应当明确的是，融合新闻具有传统媒体所不具备的强烈互动特性，互联网媒体技术应用中的留言、论坛、微信、微博、博客、一键分享等为用户发表意见、生产内容、分享信息提供了便利条件。传统媒体时代的"受众"已经变成了"用户"，地位得到显著提升，以用户生产内容（UGC）为参与的新闻生产模式，使用户可以随时随地地参与内容创造，这也为融合新闻中记者对用户生产内容的采集提供了基础。

UGC 是"User Generated Content（用户生产内容）"的缩写。在一些组织中也将其称作 UCC（User Created Content）。UGC 的概念最早起源于互联网领域，即用户将自己原创的内容通过互联网平台概念兴起的。UGC 并不是某一种具体的业务，而是一种用户使用互联网的新方式，即由原来的以下载为主变成下载和上传并重。YouTube 等网站都可以看作 UGC 的成功案例，社区网络、视频分享、博客和播客（视频分享）等都是 UGC 的主要应用形式。

在微博、微信、贴吧、论坛等社区网络中，记者发现散落在信息海洋中有价值的新闻，并将其收纳于素材库中，作为补充材料来扩充新闻事实。这从新闻报道与传播反馈的角度来说，既实现了信息增值，又增强了用户互动。

因互联网渠道便捷、形式多样，信息易于下载和保存，且有良好的传播效果，采集使用用户生产内容越来越受记者的青睐，在媒体报道中也有越来越多的体现。但在采集用户生产内容时，互联网上虚虚实实、真真假假的信息使得记者在甄别和辨识新闻事实上存在一定难度，需花费更多的力气去核实。真实是新闻的生命，真实性是新闻报道的首要原则。融合新闻采集的信息首先应是真实的，因此记者在采集用户创造内容时，需本着对新闻事实负责的原则，反复核实新闻信息，进行全面、深刻的调查。这就要求新闻记者立足于传统意义上的采访调查，加强新闻专业素养和新闻道德修养的培养，练就"火眼金睛"

甄别新闻的真实性以及新闻价值。除此之外,记者在采集用户创造内容时,需考虑尊重与维护用户版权的问题,注明新闻信息的来源,避免新闻报道后产生版权之争。

第二节 融合新闻初级产品制作

融合新闻初级产品制作阶段相当于传统意义上的新闻报道写作阶段。传统意义上的新闻报道写作通常指单一媒介——纸质媒体的新闻产品制作,语言文本单一,包含媒介范围较窄,无法囊括音频、视频、图片等多媒体形态。而"制作"一词则包含策划执行电影、戏剧、舞蹈、广播以及电视节目等影像作品,指用原材料做成各种不同的作品,其意义范围更加广大,既具有传统意义上的新闻报道写作,又包含广播、电视、网络等媒介内容制作,规避了传统新闻报道写作服务于单一媒介的局限。融合新闻产品的初级制作阶段,对融合新闻产品的最终呈现具有重要意义。

一、融合新闻的加工和构建的特点

(一) 新闻从业者和非专业记者联合写作

在融合新闻时代,新闻加工和构建者不仅仅是过去掌握三大传统媒体话语权的新闻从业者,而是已经扩展到拥有照相机、手机、DV 设备、录音笔的普通的百姓,这些借助新媒体平台的非专业记者。写作队伍的扩展促使融合新闻的加工和构建过程与仅有传统媒体的写作和制作过程有了区别。

融合媒体新闻加工和构建与传统媒体的新闻写作和制作不同之处在于,以网络和手机为代表的融合新闻加工构建是结合文字、照片、音频、视频等表现形式来传递信息。普通百姓在新媒体上对新闻进行加工构建不需要像传统媒体那样受到文本的束缚。在网络上,人们表达观点,传递看法不需要按照传统媒体的"总——分——总"或者"倒金字塔"式的形式,他们大多或是简单叙述发生在周围的事情,或是对某件事情进行几句点评。[①] 受众这种参与新闻的制作引起了的融合新闻向传统媒体加工、构建的观念形式等方面的改变。

现在,融合新闻环境下,新媒体用户,特别是网络和手机用户的虽然专业性不高,但是他们对待新闻事件有着不同角度的观察和体会,积极参与新闻的写作或者说制作,促使新闻信息多样化,有了不同方向的表达。

---

① 李庚,王滨生. 融合新闻的情感叙事探究 [J]. 青年记者,2021,(第 17 期):59-60.

在新闻事件发生后，往往不是新闻专业记者第一个在网上爆出新闻事件，而是事发地点在场的群众，在场的群众利用手机拍照、录制现场画面，再配上寥寥数语就会将事件发送到网上，而紧随其后，其他网民就会在网络上对此事发表意见，表达看法，可能也只是寥寥数语，或者仅是情绪的发泄。现在，最容易被百姓当作发言平台的是手机微博，因为人们可以在最短的时间将获取到的新闻线索，配上图片文字就可以上传，被其他用户接收。

新媒体时代，全媒体的记者和编辑如果还是按照老方法进行采访和写作，就不能跟上全媒体融合新闻发展的步伐。如果全媒体记者可以第一时间在网络撰写发布新闻，就有可能在新闻时间上占据舆论的引导权，新闻写作迅速可以抢占发布先机，但是，这也对全媒体记者对于新闻事件的加工和构建在速度和技巧上提出挑战。除了要加强自己的采写新闻能力，全媒体记者应学会熟练的运用数字技术和网络技术，提高数字化采写，制作音视频的能力。

（二）数字化和网络化的新闻写作、构建手段广泛运用

数字和网络技术的发展促使普通大众可以和新闻从业者一样用数字化的写作方式，数码录音笔、数码相机录制方式制作新闻。这促使融合新闻的加工和构建呈现出了数字化和网络化特点。

数字化、网络化的新闻写作相比传统媒体的及时性更强，新闻形式上更加醒目，新闻更加适合受众搜索浏览，同时可以在新闻中链接其他内容或者被其他网站的新闻链接。同时，融合新闻的写作样式不再仅限于文本+照片，变得更加的丰富和多样。虽然传统三大媒体新闻加工构建方式被保留，但是数字、网络技术和5G时代的到来，融合新闻的加工构建更偏向于以视频和音频为主。音视频的新闻构建方式，更加受到大众，特别是网民的青睐，因为这种方式生产出的新闻更加的直观、更加实际。

视频和音频是以画面语言和声音语言为工具来传递新闻信息的，将文字和这两者结合，是数字化新闻写作方式的重要表现方式，也是全媒体新闻写作发展的趋势。文字写作的深刻性结合视频、音频的直观性、形象性，可以吸引受众的视觉和听觉，获得最佳的传播效果。

基于此，全媒体记者应该具备将文字语言转换成视听语言的能力，将文字语言中的描述通过视频画面和同期声表达出来。这需要全媒体记者将抽象思维向形象思维的转换，要根据文字素材，再进行策划，构思，采访文字中的当事人，拍摄现场画面，并进行剪辑，实现文字信息到视频信息、音频信息的传播。在全媒体时代，这种不同类型新闻写作之间相互转换，特别是文字类型向音、视频类型的转换，是非常普遍的。

二、融合新闻初级产品制作原则

融合新闻初级产品制作是对融合新闻信息采集后的整理与初级加工，它所呈现的是最终新闻的"半成品"。这种新闻"半成品"就是指未经编辑加工与润色的新闻报道。一般来说，融合新闻的初级内容制作有以下几点要求。

一是要全面展现新闻事实发展的全过程，确保信息的全面性。这要求记者在融合新闻制作中既要尽可能全面、全方位地描述新闻事实，又要注重对新闻事实发展过程中的重要节点、关键细节的阐释。这其实是对记者新闻报道叙事能力提出了更高的要求。在传统新闻写作中，5W+1H新闻写作模式被广泛运用，即新闻事件叙述应该包含 When（何时），Where（何处）、Who（何人）、What（何事）、Why（何故）以及 How（如何），这种模式强调以最少的字、最多的信息描述新闻事实，是对新闻事实最基本的概括。融合新闻制作不只是要概括事实，更重要的是要描述细节，讲故事。

二是要确保新闻事实的客观性。初级融合新闻产品制作的客观性，指新闻报道中按照事实本来面目进行报道，包括内容和形式两个方面，内容上的"客观"是指新闻报道的事实是一种客观存在的事物、人物或事件；形式上的"客观"，指新闻所显示的倾向性，是通过其报道的事实的逻辑力量实现的，作者采用的是客观陈述的方法。在制作融合新闻时要真实地呈现事实与摹写现实，要把事实和观点分开，不能将带有强烈主观色彩的观点充作基本事实误导受众。

客观性原则是保证融合新闻生产顺利进行的基础。融合新闻生产流程的再造，遵循"一次采集，多种生成"的新闻生产模式，而实现这种模式，就必须在融合新闻初级产品的制作阶段，保持新闻事实的客观性。为融合新闻生产所建构的"多媒体新闻中心""中央厨房""泛媒体平台""媒体智库"其实就是媒体机构的一个小型通讯社—记者将采集到的信息上传到新闻生产平台后，各渠道编辑根据媒介介质的特性再进行加工、编辑。为保证所采集的信息能被各渠道编辑所接受和选用，记者在制作初级新闻产品时必须尽可能保证新闻的"客观性"。

三是确保新闻产品的真实性。新闻的"真实性"是一个老生常谈的话题，真实是新闻的生命，新闻真实是新闻媒体生存发展的基础，确保新闻的真实性对新闻事业的发展具有决定性的意义。新闻的真实性对于新闻工作者来说，如同开车要把着方向盘、售货员不能忘记没收钱一样"没商量"，但媒介的报道中出现各种不真实的新闻又在告诉人们，真实性问题需要经常讲、反复讲，使我们对这个问题有比较清醒的、较深层次的认识。媒体融合时代下的融合新闻报道，"真实性"依然值得强调与关注。

三、融合新闻初级产品媒介元素运用

了解每种媒介的传播优势和劣势，选择最适合的媒介有助于诠释融合新闻故事。融合新闻的"融合"体现在各媒介元素或媒介技术的有机融合，而非简单的堆砌。这同时也意味着使用合适的媒介进行合适的报道，而不是机械地将文字，图片、音频、视频、互动设置，超链接等媒介元素全部都用到所有的新闻报道中。一般的融合新闻包含这样几个信息包：①一个类似导语或者编者按语的引出部分，说明故事的价值和意义；②对新闻故事主角的人物速写；③新闻事件或者新闻场景；④展示新闻发展的全过程或新闻涉及事物如何运转；⑤正反两面的评价；⑥历史信息；⑦与此相关的其他报道。这些信息包构成了融合新闻的基本内容，但它们的呈现需要通过一定的媒介手段加以展示。那么这些信息包都适合什么样的媒介手段，或者说应该以什么样的媒介元素来呈现呢？表4-1对不同媒介适宜题材的差异性做了分类，指出如果新闻故事或其内容中某一部分涉及类似题材可考虑采用相应的媒介进行报道。这给新闻记者对媒介元素的运用提供了参考标准。①

表4-1　媒介与题材适宜性对照表

媒介	适宜题材
文本	背景信息
	分析和解释性信息。文本便于表达逻辑复杂和富于深度的价值
	人物速写
	总结
	突发新闻。文字是最快的传播突发新闻信息的方式
图表	统计数据和资料
	某个事物如何正常运作或如何做某事。
	图表有助于呈现较为复杂的过程
	人类无法企及的地方，如太空、微生物学的报道
	历史。时间线有助于表现历史事件
	地理定位的事件或故事
照片	反思和回忆
	情感。照片适宜激发强烈的情感
	新闻主角
	新闻地点

---

① 蒲红果．融合新闻生产方法论初探［J］．中国出版，2020，（第20期）：28-32.

媒介	适宜题材
音响	情感。强调情感宣泄的题材，人声适宜表达情感基调
	铺垫气氛。音响给故事设置
	反思
	新闻主角
	新闻地点
视频	动态信息，如自然灾害、运动比赛、舞蹈表演
	新闻地点
	新闻主角
	戏剧。某个富于情感的瞬间，某个影响故事发展的具有戏剧冲突的情节
	幽默。幽默促进传播
	儿童
	动物。人们喜欢看动物表演
	食物。如何准备制作和品尝食物，视频能传递感觉
	某个事物如何正常工作或如何做某事。视频有助于呈现比较简单的过程
	原始视频。人们喜欢看未经剪辑的原始视频，尤其在突发新闻报道中

在所有媒介中，视频和照片的作用尤为突出，它们特别适于展现具有冲击力的画面，记者和编辑在制作融合新闻时往往将其作为重点媒介考虑。例如，中国日报推出的《继续活着：中国失独者调查》，被认为是我国融合新闻报道的重要探索。它就是以视频作为重点媒介，首次采用系列纪录片的方式来呈现失独者这一社会议题。失独者是第一批执行计划生育政策的父母，他们响应国家号召，却因种种原因不幸失去唯一的子女，从此在孤独和思念之中老无所依。丧子之痛、养老困境使他们成为弱势孤立群体。中国日报视频记者深入探访，重磅推出多媒体专题——Life After Loss，用系列纪录片展现失独者的挣扎与无助，并通过语言与画面充分调动受众的听觉、视觉，加强新闻报道的感染力；与此同时，也辅之以必要的文本说明。

总而言之，融合新闻初级产品的制作是融合新闻生产的关键一环，新闻记者必须坚持全面、客观、真实地制作新闻，与此同时，考虑媒介元素的适宜性和相关性问题。值得一提的是，由于融合新闻生产流程趋向于采编一体化，即在一个生产平台上，融合新闻初级新闻产品制作原则与多媒体元素运用问题在融合新闻编辑中依然适用。

第三节 融合新闻编辑

融合新闻编辑的工作是将新闻初级产品深加工为融合新闻产品，这个环节连接着新闻生产流程与新闻传播流程，十分关键。随着媒介融合的深入发展，与传统新闻编辑相比，生产流程再造使得融合新闻编辑有了新的时代特点与要求。

一、建立融媒体指挥中心

传统的媒体集团内部通常采用垂直的管理、生产模式。以《人民日报》为例，报社设有国际新闻报道与国内新闻报道，国内报道又分为政治、经济、科技、文教、文艺、理论等专业报道部门，编辑记者按所属部门进行分工，互不交叉，职责明确。媒体融合之后，原先各部门相互独立的记者、编辑开始打破固有边界共同工作。这体现在两个层面上：一是物理空间全媒体新闻大厅的落地。媒体集团通过建立全媒体新闻大厅，使各媒介记者、编辑共同在大厅中协同生产，以提高生产效率。例如，我国媒体融合的典范《人民日报》"中央厨房"指挥大厅，建筑面积达 3200 多平方米，分为总编调度中心、采编联动平台、技术支持中心、创意空间、视听空间、媒体历史展示长廊等。人民日报社领导在"中央厨房"大厅内调控、指挥旗下所有媒体。传统媒体和新兴媒体的工作人员协同作业，高效实现全媒体产品的采集、制作与发布。

二是业务层面上一体化、数字化内容生产系统的研发。配合存储多媒体信息资源的素材库平台，融媒体往往会建立一体化、数字化的新闻生产系统，实现媒体内部的资源共享。该系统集结采访、编辑、策划团队的力量，依托大数据、云计算等技术支持，负责融合新闻报道的采集、生产与分发，如浙江日报报业集团率先研发建成融媒体智能化传播服务平台"媒立方"。该平台采用云计算、大数据等最新技术，集舆情研判、统一采集、多种生成、多元分发、效果评估于一体，统筹采访、编辑、审核、传播、评估，不仅为新闻报道、舆论引导提供有力支持，而且为实现跨媒体、跨业务提供了统一平台。可以说，"媒立方"从真正意义上建立起融合纸媒、网站、客户端等多种媒体形态的内容生产和传播平台，进而促进团队融合、业务融合、数据融合。

空间层面与业务层面融合之后，为保障新闻生产链的高效运转，还需要一个强有力的融媒体指挥中心，来配合融媒体指挥大厅和生产平台、协调组织各部门的生产工作与加强内部的沟通。这个融合指挥调度中心通常由媒体集团决策层的领导以及各部门的主管共同组成，发挥着新闻生产运作大脑"中枢神经"的作用，负责融合新闻的选题策划、协调组织、调度采编任务、沟通信息、收回反馈意见等日常工作，直接指挥整个平台的新闻运营，类似机场"塔台"的功效。一般而言，融合指挥调度中心会组建专门团队，在全媒体新闻大厅集中办公，利用一体化、数字化内容生产系统，与各采编团队无缝连接，随时发布调度指令。并通过建立总编协调会制度、采前会制度、新闻线索通报制度，实现报、网、端、微内容生产全流程的深度融合。

二、生产个性化新闻产品

虽然融媒体指挥中心搭配数字化生产流程，能够帮助新闻编辑高效地制作、加工新闻产品，但为了达到最优的传播效果，则需新闻编辑根据不同媒介终端特点，选择适合呈现的新闻素材。媒体融合后共享一个生产平台，这种做法符合现代一体化、移动化办公要求，有力提高资源配置利用率和新闻产品生产效率，但共用素材难免会出现同质化现象。这也是许多学者对融合新闻生产流程表示质疑的地方："一个胡萝卜能做十道菜吗？"这其实是对融合新闻生产编辑机制提出了考验，于是生产个性化新闻产品成为融合新闻编辑生产的共识。

融合新闻生产必须顾及多种媒介渠道传播的要求，创造出适应不同媒介渠道的新闻产品。各端口的媒体编辑应对素材库中的信息资源分层开发利用，并根据投放渠道的特色，对新闻素材进行二次加工或者多次加工，生成各具特色、适合终端展示的新闻产品。例如，以 App 为代表的移动终端，适合展现文、图、音频、视频等多媒体新闻产品，这就需要编辑人员从素材库中选取图片、音频、视频等素材，进行融媒体加工；以报纸为代表的纸媒终端局限于二维空间，只能呈现文字与图片素材，编辑们更需要创新报道思维，注重用户需求，避免新闻产品的僵化、老套；以网站为代表的网络终端，具有大量的存储空间，编辑可以策划、设立新闻专题，制作新闻产品，拓展事件背景、周边信息，增加报道深度，丰富网站新闻的趣味性。这种对信息资源的层级开发，既达到了素材的充分利用，又避免了同质化问题，实现了新闻产品的个性化生产。

三、新闻编辑角色的再定义

传统定义中，新闻编辑是新闻生产的主体，承担着设计新闻信息载体、策划组织新闻报道、修正把关新闻作品、整合展示新闻信息、组织引导新闻互动和公共交流的工作。当前随着技术、经济、政策等因素的变化，融合新闻生产再造新闻生产流程，新闻编辑作为新闻策划的总指挥、新闻资源的总调度、新闻素材的加工者、公共话题的策展人，承担着多重角色。

（一）融合新闻编辑是新闻生产的组织者和协调者

融合新闻推动新闻生产的流程再造，在新的协同式生产流程中，新闻编辑作为组织者和协调者，统筹资源的功能更加凸显。一方面，在集团内部，新闻编辑整合媒介资源，通过沟通机制与各媒介单位协作生产。人民日报"中央厨房"是人民日报推动媒介融合发展的重要平台。总编调度中心是人民日报全媒体阵营的指挥中枢，负责统筹、协调采编联动平台和融媒体工作室的新闻生产，承担宣传任务，需策划重大选题、统筹采访力量。在采编联动平台中，全媒体编辑中心负责策划、约稿、呈现，与采访中心、技术中心相互配合，协作完成新闻产品的生产。而融媒体工作室更是跨界资源整合的产物。为了让"中央厨房"从重大事件报道迈入常态化运行，鼓励报、网、端、微采编人员按兴趣组合、项目制施工，跨部门、跨媒体、跨地域和跨专业组成"麻辣财经""一本正经""侠客岛""学习大国"等融媒体工作室，整合资源，充分释放全媒体内容生产能力。另一方面，在集团外部，新闻编辑整合行业资源，通过跨组织与各行业编辑实现多元协同生产。

（二）融合新闻编辑是新闻生产的选题决策者和产品设计人

新闻编辑在新闻生产过程中一直担负着选题决策和产品设计工作，并通过对新闻素材的再认识和再创作，实现新闻产品价值的提升。融合新闻生产流程再造使新闻编辑履行这一传统职责要跨越更高的门槛。编辑必须探索如何通过新闻素材的跨界整合加工，实现新闻产品报道内容、呈现形式和风格特色的全面升级。在一体化的多媒体内容生产过程中，编辑不仅要借助多媒体平台实现新闻产品的丰富性和生动性，更要培养齐心协力的合作精神，通过团队的力量实现内容生产联动。

（三）融合新闻编辑是新闻生产报道的"多面手"

随着新技术的迭代升级，传统的编辑生产方式已难以为继，当下的融合新闻编辑必须是新闻生产报道的"多面手"——既是掌握多媒体技能的报道者，又是公共论坛主持人的扮演者。新闻载体和传播渠道的多样化，要求编辑必须能够适应各种媒体的传播特性，熟练掌握多媒体技能，了解每种媒介介质传播的优缺点，在素材库中抓取可报道的新闻素材，使用最合适的方式报道新闻。同时，在传播环节，新闻编辑还要充当公共论坛主持人和新闻话题的引导者，通过互动等形式引导舆论走向。在新媒体日新月异的今天，新闻编辑理应是新闻传播的"多面手"，在传统媒体、新媒体，报纸、视频、客户端、融媒体中自如应对。

可以说，与传统新闻编辑相比，生产流程再造使得融合新闻编辑既保留着旧时代的特点，又有新时代的要求。融媒体指挥中心的构建、个性化新闻产品的生产以及新闻编辑角色的再定义，都意味着融合新闻编辑向集约化、一体化方向发展。

第四节 融合新闻传播

记者采集信息、制作初级新闻产品，进行编辑加工制作之后，就需要向各媒体平台、渠道投放，这就涉及融合新闻生产的最后一个环节——融合新闻的传播与发布。随着技术的发展，网络媒体的融合功能不断增强，新闻信息传播普遍采用多媒体方式传播与发布，最终在新的终端介质上实现听、读、看、写、说、录等手段的自由选择和组合。全媒体时代，受众获取信息的渠道从报纸、广播、电视拓展到网络、手机、平板电脑等信息接收终端设备。不同的移动接收设备可以满足受众个性化的信息需求。正基于此，全媒体记者应该在了解了每种媒体的特点和用户选择媒体的意愿和原因之后，再进行有序的报道。融合新闻的报道并不是所有媒体对于新闻事件的重复报道，而是通过整合之后，全方位、立体式的向受众展现新闻的过程。

一、媒介融合对新闻传播的影响分析

（一）提高受众选择的主动性与参与性

随着社会的不断进步以及信息技术的发展，媒介融合对新闻产生了相当大的作用，媒介融合可以逐步提升新闻受众在新闻事件讨论中的参与性。现阶段，随着市场兴趣点的不断转变以及信息技术的飞速发展，人们可以不受时间和空间的限制，在任何时间段内掌握新闻信息，提高了人们的参与性例。

（二）媒体接收终端形式上趋同而操作简单

随着网络信息技术的飞速发展，用户可以更加方便地使用互联网，用户在使用互联网接受新闻或者观看节目时，可以在任何时间段观看节目以及新闻，用户在实际点击的时候就能下载和观看与新闻有关的内容，用户接受新闻的操作变得更加的简单。与此同时，新闻媒体不仅可以在网络上发布信息，比如微博上发布实时的信息，也可以在直播平台进行新闻直播，使得新闻更加具有时效性。

（三）信息传播频道更加丰富且实现门户化

新媒体的快速发展，使得新闻受众与新闻媒体之间的界限越来越模糊。在这样的过程中，一些领域专家的权威在不断地消失。在这样的环境之下，新闻传播更具开放性，虽然在这个过程中会滋长出谣言以及假新闻，但是这已经成为不可避免的趋势。现如今信息技术可以为人们提供更多的信息传播途径，人们通过网络门户就可以选取自己所需要的信息。

（四）新闻工作者的工作方式出现变革

互联网技术的飞速发展，使得新闻信息的收集工作出现了一系列的改变，减轻了新闻工作者收集信息的负担。比如，对于网球记者来说，他们可以在家或者在办公室通过互联网就能写出有关澳网的有关报道和评论，将整合加工过的新闻信息及时地传递给球迷。对于足球新闻工作者来说，通过微博或者其他媒体就可以对足球赛事进行全面的报道。此外，新闻传播也发生了改变，新闻编辑人员属于幕后工作者，为新闻受众提供不同的服务，有部分新闻幕后工作者正在不断地向幕前转变。

（五）信息流向将具有更强的交互性

传统媒体的一个最主要特点是单向性。然而，融合媒介的交互性是比较明显的。比如，传统的电视以及电台都是单向的输出媒体。但是，随着新媒体技术的不断发展，计算机的算法就可以精准地为用户推送与用户兴趣相关的信息，广大人民群众可以收看比较个性化的节目。比如，一些实时性的互动，用户可以发表自己的看法和意见，甚至可以和专家学者就新闻事件进行对话，这种交互性使得用户的体验感更加丰富。

二、融合新闻传播效应的分析

（一）窗口效应

融合新闻在媒介融合的背景下获得了新的传播窗口，互联网技术和信息技术为新媒体提供了更多传播渠道。因为网络媒体具有更新速度快、影响力强、影响范围广等特点，所以融合新闻传播也具有相同的特点，由此增加了新闻报道的普及率和曝光率，同时创造了良好的传播效果。例如在国内的媒体平台上报道国外的新闻，可以很好地普及国外的真实情况，做到全球化互联互通。所以这种方法很适用于一些跨国案件，如国内公民在国外失联案件等。

（二）叠加效应

媒介融合可以把新闻价值进行不断叠加，价值叠加可以达到拓宽覆盖范围、加快新闻传播速度、提升新闻影响力的目的，实现文化资源共享。例如在中国的某地区发生严重的洪涝灾害，对于该新闻的报道方式可以采取传统的方式；例如电视新闻媒体报道、纸质媒体报道、广播媒体报道等，也可以采取新媒体方式；例如贴吧新闻传播方式、微信、微博等新式网络平台传播方式，这就丰富了新闻传播平台，让新闻的普及面得到了叠加。[①] 叠

---

① 黄显军. 基于媒介融合的新闻传播方式探讨［J］. 采写编，2022，（第8期）：110–112.

加传播后的新闻具有更高的价值，更多人投身进来为灾情做贡献，加快事件的解决速度，提高事件的影响力程度。

三、媒介融合背景下融合新闻的传播策略

（一）新旧媒介融合化

传统新闻传播媒介包括电视媒介、纸质媒介等，这些媒介的优势在于它们的发展历史悠久，用户量多、受众面大。同时，传统新闻传播媒介具有强大的权威性和专业性，它的内部体制机制建设成熟。所以，融合新闻的传播策略之一是采取融合新旧媒介的方法，在新媒体的发展规划中结合传统媒体的优势，在强调资讯信息的主要内容的同时，加强新媒体的互动性。而网络媒体是通过将文字、图片、声音、视频等媒体素材处理并最终转化为数字信号来传播，这种传播方式速度快、覆盖面广。这些方式可以让受众主动参与到讨论的过程中，提升其话语权。借助网络媒体信息，例如手机客户端、网页等，可以加快信息的传播受众面，将新闻的影响人群从中年人拓展到所有年龄层面的人群中，在原有的新闻受众群体的基础上，对受众群体人数进行扩展，对新闻传播发展具有重要作用。

（二）新闻开发深度化

传统的新闻信息开发方式采取的是一次性的方法，对新闻的报道是一次性结束的，没有后期的人员互动和深入探讨的环节。融合新闻的创新之处在于在新闻开发环节更加深度化、层级式地开发制作，它可以借助媒介融合对新闻进行不断挖掘和深度探讨，使新闻具有互动性和有效性。例如：传统的媒体在报道共享经济下的秩序问题时，一般会选取共享充电宝、共享汽车和单车等常见产品，借助图片和文字媒介，对当前混乱的现象进行描述，比如借了设备难以归还现象、毁坏设备现象、霸占设备等。在媒介融合的时代下，我们可以结合不同的媒介对新闻进行全面报道。我们可以结合视频媒介和音频媒介将新闻更加形象地表达出来，让不想看枯燥文字的阅读者有兴趣去观看新闻，在视频中以言简意赅的语言表达出核心信息，提高阅读者的阅读效率。网络媒介不仅可以方便人们的观看，还可以加强人们与新闻信息的互动性，人们可以通过网络留言等方法就具体事件展开互动，深入探讨新闻内在价值，例如探讨人们是如何评价借了设备难以归还现象、毁坏设备现象和霸占设备等行为的，我们该采取什么方法来阻止上述行为的产生，以及公司该采取什么方法来提高设备的安全性和可行性等。当人们的讨论结束后，相关的新闻报道方可以对新闻进行二次深入报道。新媒体在传统的文化传播模型上进行改进，改进了传统的文化传播方式的弊端，强调了信息传播的实时互动特性，让信息的接受者不再是被动接受，而是可以主动交流，文化传播的效率得到了快速提高。

（三）新闻报道多样化

当前计算机技术飞速发展，用户足不出户即可获得各方面信息，且无论何时拿出手机也都能观看到最新的信息。在这种情况下，媒体工作人员需要结合媒介融合做好融合新闻多样化报道工作，丰富新闻资源。辩证法是正确看待事物的方式，在播放新闻的时候，媒体也需要站在不同的角度播报，这样就可以避免重复性信息，引导民众客观看待和分析新闻事件，进而提升公信力。所以，我们需要结合媒介融合做好融合新闻的多样化报道工作，丰富新闻资源。

（四）新闻传播通俗化

当下的媒介融合表现形式有视频、图像、声音等，借助新媒体平台，例如抖音短视频、微博等可以实现多种文化高效融合和表达。基于此，人们在看新闻的时候如果对于一些具有较深文化内涵的文章理解力不够，那么此时采取新闻融合的方法，可以将复杂文化变得较通俗易懂，有效提高文化的覆盖率和传播范围。所以，利用媒介融合提高新闻传播覆盖率是媒体应用的常见方法，它使新闻变得更有人情味，能使人们更容易接受新闻内容、感悟文化的魅力与感染力，提高了新闻的传播效率，促进了文明社会的发展。

（五）移动优先，实现波层传播与发布

融合新闻报道不是所有媒体对于新闻事件的重复报道，而是通过整合之后，有序地向受众展现新闻的过程。这种有序性，在新闻产品的制作与编辑阶段，体现在记者和编辑对多媒体元素的运用以及媒体之间的搭配；在新闻产品的投放阶段，则体现在对新闻产品的波层传播与发布。波层传播与发布是描述新闻编辑按照一定的顺序，将新闻产品投放到不同的媒体平台和渠道上的过程。在该过程内，新闻产品的发布像水中的涟漪一样一圈一圈地荡漾开去，环环紧扣，充分发挥不同媒介的特色，形成一个完整的报道体系。美国道琼斯公司就进行过这样的传播实践，并取得了很好的传播效果。有学者将该传播与发布过程提炼为"波纹理论"，以示对其传播实践的肯定。

现阶段，移动互联网成为信息传播的主要渠道，成为新闻热点生成、舆论发酵的主要策源地。"移动优先"的概念在许多媒体集团内逐步确立，移动互联网也成为融合新闻波层传播与发布的首发媒体。首发媒体第一时间发布新闻后，电视台、广播、报纸的快讯会协同报道新闻事件，纸质媒介和整合后的新闻网页往往成为后发媒体，对整个报道起到一个补充、完善的过程。除此之外，首发新闻一直是媒体竞争的核心，移动互联网在没有发布时间限制的情况下，可以实现"即刻即发"的目标。这也成为许多媒体竞争时效性的新阵地。

（六）针对传播，投放适合渠道特点的新闻产品

融合新闻生产流程突出个性化定制，这种个性化不仅体现在新闻产品的编辑加工上，更体现在新闻产品的投放上。融合新闻生产的编辑环节会根据不同平台特点制作不同形态的新闻产品，在传播环节，依然需要编辑根据终端的特色将这些不同形态的产品分类投放。传统的广告投放以"适合自己产品特性的媒介才是最好的"为准则，"产品特性"决定了广告媒介投放的选择。比如，果汁饮料等大众消费品适合做电视广告；手机应当多做一些软文广告，花钱少，效果好；行业性比较强的如香精香料、机械设备等，花钱少，效果好的广告就是直接邮寄广告，其他的广告应该主要投放在行业展览会、行业沟通报刊上。融合新闻编辑对新闻产品的投放准则也是如此，即投放适合渠道特点的新闻产品：纸媒终端以文本为主要新闻语言，以线性结构排版呈现，突出新闻表现的严谨性，因而需要编辑在新闻产品投放上挖掘"深度"，电视终端集文本、声音、语言，图片等多种媒介元素于一体，节目时长存在限制，编导的策划显得尤为重要，新闻编辑在产品的投放上可以着重表现"专题"；移动终端突出新闻的时效性，"即刻即发"，受众的视线流流动较快，多以简短的文字、视频呈现，新闻编辑在产品投放上要强调"快速"；网络终端集各种媒介元素和形态于一体，新闻内容存储空间大，新闻编辑在新闻产品投放上突出"全面"。①

除此之外，各种媒介的功能、特点各异，在进行广告活动的时候，也常常采用媒介组合来开展广告工作。如何选择并组合广告媒介以达到最佳的广告传播效果，是商家投放广告时必须考虑的问题。对于融合新闻传播而言，亦是如此。现代先进的数字化技术使各媒介产品有了共同的平台基础，媒介融合的灵活组合成为现实，新闻编辑要考虑媒介之间的组合关系，将各个媒介内容方便自如地嵌入，生产出多样化的信息产品，以满足受众的个性化信息需求。

总而言之，打破了传统媒体生产过程的时间局限、形式局限，形成多种终端的 24 小时协同生产模式，根据媒介渠道特点，将新闻产品投放到报纸、电视、广播、手机、网络以及户外广告屏等多种媒介终端，并考虑多媒介之间的组合，满足用户的个性化需求。通过融合发力产生集合效应，以形成良好的舆论氛围。

（七）注重反馈，加强与用户的互动沟通

以用户为中心，是互联网传播的基本思维。媒体融合发展的直接成果，就集中体现在用户规模的迅速拓展上。从某种程度上来说，媒介融合带来的是一个丰富、多元的产品市场，这个市场是以用户为中心的，而不是以媒体为中心的。在传统新闻的传播与发布中，

---

① 张雪川. 媒体融合下的融合新闻传播特征［J］. 新闻文化建设，2022，（第 2 期）：41-43.

新闻编辑习惯于用单向的传播方式考虑受众，虽然也与受众进行互动，但这种互动一般是具有周期性的，互动的规模较小，且在互动的过程中，媒体工作者始终处于比受众更高和更为主动的地位。融合新闻生产区别于传统新闻的一大优势就在于能够与用户进行有效、及时的互动，反馈，这种互动是经常和不定期的，互动的规模也大，媒体工作者始终与受众处于平等的地位。例如，新华社微信公众号因一条关于"沙特王储被废"的新闻成为备受媒体和受众关注的对象。该则新闻将"废黜"写成"废除"，被用户发现并指出，编辑在留言处与用户的及时互动使这场媒体信用危机很快得到巧妙化解，而留言区也意外地成为新闻热点。新媒体时代又称社交时代，如果互动得当，会大大增加粉丝黏性，形成更大影响力。这也是新华社微信公众号一直坚持的做法。当然，互动看似简单，其实颇费思量。既要符合媒体的特点，使其人格化，还要真诚、低姿态，真正和网友互动起来。

除此之外，在互动的过程中，编辑还可以通过收集用户的反馈信息来寻找新的新闻点、报道角度，增添新闻产品内容，使得融合新闻生产流程形成一个循环系统。融合新闻生产通过建立有效的用户机制与互动反馈机制，开放数据平台，收集用户采集的数据以应对突发新闻报道，使用户成为新闻生产的积极参与者。与此同时，利用大数据与云计算等技术，配合数据资源平台、内容生产平台，通过微博/微信客户端、官方网站等终端跟踪用户的数据，对素材标签化分类，对用户进行精准画像，根据用户的不同需求以及阅读习惯，进行智能匹配，进而实现精准推送新闻产品。

第五章 融媒体语境下手机媒体新闻传播

第一节 手机媒体新闻传播形态的创新

一、手机媒体

伴随无线通信技术的广泛应用，手机媒体不仅在人们日常生活中已经起到越来越重要的作用。各大媒体纷纷投入到手机网络传播的新阵营中。手机媒体作为互联网与无线通信融合的产物，由于其具有便携性、即时性的优势，集个性化和互动化于一身，成为重要的人际传播方式。

手机媒体，又称为移动媒体，是手机为视听终端、移动互联网为平台的个性化信息传播载体，它是基于分众传播为目标，定向传播、交互式传播为应用的大众传播媒介。[①] 被公认为是在报纸和杂志、广播、电视、互联网之后的"第五媒体"。

手机媒体最基本的特点就是数字技术的应用，便携性是手机媒体的最大优势。作为一个扩展的网络媒体，手机媒体拥有强大的网络媒体互动功能、快速访问信息优势、跨区域传播等特征。手机媒体也有高度的灵活性和整合性，可以实时、互动的传递信息，同受众分享非常丰富的数据资源同时，能够做到唯一的多媒体通信隐私，实现同步和异步传输有机统一，传播者和受众高度融合的优点。未来手机终将改变人们的生活，也将更新媒体产业的发展，成为一个整合众媒体的媒介新平台。

手机媒体相对传统媒体和网络媒体而言，打破了很多固有的局限，于报纸而言互动性更强，与广播相比便捷程度更高，与电视较之实现了更进一步的自由，与网络相比更加"人性化"，总之手机媒体凭借它精准的识别率、反馈率，在新闻报道各个阶段都创造了新纪录，给用户以全新的体验。

[①] 王诗媛. 试论手机媒体对新闻传播活动的影响［J］. 文渊（小学版），2021，（第5期）：70.

二、手机媒体新闻传播形态创新的体现

全方位、立体型、多元化、多视角的手机新闻正在开拓受众新闻视野、加强受众新闻接受体验的过程中，越来越成为生活的必需品。不断更新发展着的手机新闻也正逐渐适应着当今社会不断加快的生活节奏，信息碎片化、需求个性化、流动化的特点，衍生出专属它独特的新闻传播形态。[①]

（一）新闻生产即时化

从某种意义上说，媒介的进化史就是在"技术"与"情境"的博弈中延展开来的。媒介融合初期，出现过新的职业记者，被称为"背包"记者一这个名词来源于现场采访队伍中背着大背包采访的记者形象。他们随时出现在各种新闻现场，胸前挂着照相机，左手拿着录音笔一类的视频音频设备，右手提着电脑包等各种传输设备，随时随地地采访纪实、口述新闻、传输文件、即时发布。手机媒体的独特特性使得新闻的生产与消费更加便捷、传播的受众范围变得更加广阔。

而在手机媒体兴起后，又一个新的名词应运而生——移动记者，手机使受众不再只是新闻的接受者，媒介不再是和人分离、主宰思维的接受态，而成为"人的延伸"。多功能智能手机的出现和使用催生了新闻现场报道。无论是专业记者还是普通民众，都能够通过手机的拍照、摄像、录音、记录功能在新闻事件发生第一时间快速记录并发布现场的信息，有效提高了新闻的时效性。不同于电视直播，手机现场报道无须昂贵、重达几十斤的摄录设备，只要记者拥有一部智能手机，便可通过手机的摄像录音功能记录实时新闻，并通过卫星连接网络即刻发布出去，成本低廉，采编过程简单，又可以在第一时间传送到受众的面前。相比于其他媒介而言，手机对于大众新闻传播最重要的意义就在于它不仅是一个信息接收的平台，同时也是一个信息采集、传输发布的工具。其自身不断提高的声画录制能力以及数据传输速度使得它开始逐渐在传统媒体所主导的新闻传播实践中担当主力，从这一点来看，与传统的报纸、广播、电视甚至是互联网相比，手机对于大众新闻传播的变革和贡献确实是革命性的。

（二）报道模式多样化

起初手机只是一个非常受欢迎的信息的接收平台。和传统的报纸、广播和电视新闻相比，手机新闻并没有在信息元素上出现革命性的变革。但随着手机媒介功能的逐渐丰富和

---

① 陈秋萌，易嘉．新媒体时代下手机媒体对新闻传播活动的影响分析［J］．新闻文化建设，2021，（第12期）：13-14.

加强，手机新闻已经聚合了多种媒体的符号、形式和特征的精华，形成了自己的独特形态。

通过文字、图表、动画、音频、视频等多种传媒符号的应用，针对特定的新闻事实实现最短时间内完成，最全方面展示，使用最适合的报道符号，做到速度和深度兼顾。

在报道模式创新发展中最有代表性的就是手机报，它适应着新媒介特征，最大程度地实现了新闻文本的多样化，最大价值化，吸引了受众的注意。也由于手机报报道模式的创新使日益受冷落的纸媒行业在媒介融合时代能够顺势而上，没有被淘汰。随着新媒体不断涌现，纸媒面临愈来愈重大的挑战，它在与手机媒体的融合中选择将重点放在了多渠道、立体化的内容服务层面，在新闻素材多样开发，印刷纸质产品同时，将文字、图片等新闻信息制作成适合手机新闻的形式传播。例如手机报十分重视图片的运用，报道结构以图文并茂的"图片化"为主。相比传统报纸新闻，手机报新闻的文体结构更加多维性、多层性。不但可融合文字、图片、动画等各种形态，而且可以深化为标题新闻、导语新闻、详细新闻、相关新闻等纵深搜索。

由此可以看出手机新闻的报道模式既吸取纸媒的历史，运用网络语言形成现代历史交融的最佳呈现模式，又利用照片产生较强的视觉冲击力，并且可以剪辑出针对一个报道的多个声音、多个不同的关注点，是源于传统而超越传统的多元素、多样化报道模式。随着手机功能的拓展，手机已经实现从通信终端到多媒体终端的转变。随着5G时代的来临，各种技术瓶颈将逐一突破，手机将会成为个性化，交互性和多功能的传输终端。同时，手机的拍照、录音、录像和通信功能的整合，还使手机成为一种多媒体的生产工具，这对既有的信息采集和传播模式将产生颠覆性的影响。手机多元素、多样化的报道模式不仅是新闻传播形态的创新，也在受众的接受过程中取得了良好的传播效果，使用者更倾向于阅读文字、声音与影像相结合的手机新闻。

（三）文本内容简洁化

从印刷时代到如今的电子时代，手机媒体凭借它自身的特点，融合了传统的新闻传播形态，为我们塑造了一个崭新的新闻传播时代，内容愈简、内容愈精。为了实现愈加简洁化的信息流通效果，手机新闻信息上以明确清晰的"低语境"新闻为主，低语境传播是指大量的信息隐藏于清晰的编码中，通过简单易懂的语言文字将明确完整的事实信息传递给受众。除了"低语境"的语言组织形式，题材上则以短小精悍的"导语式"新闻为主。以手机报为例，其新闻篇幅远远短于传统报纸，为最大限度地提升信息容量，大部分手机报都采用的是短小精悍的"导语式"新闻，抛开原有纸质报纸内容5W1H的新闻要素，手机报通常只交代新闻事件的重要信息即时间、地点、人物及主要事件。迎合越来越快的生活节奏，给受众带来的消费体验阅读方式往往是"滚动式"阅读，在最快最短时间内了解更多信息。

现代高效高速的生活方式中，人们已经很难再有大量时间和耐心来阅读复杂冗长的大段文字和长时段的视频。因此篇幅短小、事实突出、元素多元的新闻更能吸引受众和满足受众的阅读需求。而从时间上适应用户需求这方面看，手机广播、电视新闻可以通过剪辑实现影像与声音的简洁化。一方面，手机广播、电视新闻可以直接剪辑来自传统媒体的内容，比如专题性新闻报道、天气预报、专题片、MTV 等；另一方面，原创内容能够带给手机电视更强的生命力。原创手机新闻内容的结构更为合理、紧凑，能够高质量地满足受众收看节目的心理需求与享受，描述事物情节简明扼要，重要元素突出，短小精悍。

大部分手机新闻阅读者的阅读时间呈碎片化特点，在这种短时、多次的新闻获取模式下，言简意赅的简洁新闻成为手机用户有意无意中的最佳选择，大部分手机新闻恰恰建立在这种简洁化的特点之上。不过在碎片性的短时阅读进一步催促着手机新闻简洁化走向的同时，也相应弱化了手机新闻深度报道的传播，并且不同手机媒体间存在内容复制的信息重复现象，在支持手机新闻简洁化的同时，对手机新闻的内容深度和原创度提出了更高要求。

整体观之，相比于平面媒体，手机新闻的字数一般较少，大多数时间只提供一个事实或结果，但这并不表示手机新闻为了简单就降低对于新闻价值的追求，而是怎么根据手机新闻简洁，快速的特点更快更好地发现新闻，实现新闻阅读的简易化。

（四）传播情境移动化

手机新闻的传播实现了传播情境的移动化，即手机特有的便携性特征使受众对于新闻的消费行为突破了只能在办公室或者家庭等空间限制，而做到可以随时随地接受新闻，体现了"在路上"读新闻的特征，使得新闻传播适应了人们生活流动性加强的现实需求。有了手机，受众可以不必在固定时间才能看到媒体上的新闻资讯，可以通过手机报推送或上网随时接收新闻。这也将受众大量的零散时间利用起来，人们在等车、坐地铁、等餐的时候可以尽情地享受手机媒体的服务。手机媒体模糊了空间与时间的概念，可以随时随地接收和发送信息，增加互动的同时使人们产生了依赖。

在我国，手机与电台全面互动的新闻报道，扩大了语音的移动应用范围，一改以往听众只能由信件或拨打热线电话来参与节目的方式，加强了受众同传播者的进一步联系。手机的移动便携与多功能集一身的特点大大扩展了它的传播范围，打破了时间与空间的限制，在这点上是传统广播无法超越的。

除了广播之外，手机新闻媒体的情境移动还体现在相对网络新闻的发展与升级中，就像我们知道的，传统互联网络新闻的阅读一定需要依托基本的物质条件，首先受众要有自己的个人电脑，然后还要有可以连接的网络，才能开始他的新闻阅读体验，这就限定了受众的新闻阅读局限于室内或某特定空间里。而手机的问世，手机与互联网的融合所产生的巨大能量，使手机拥有了强大的竞争力，也加强了用户的新闻阅读体验，使原本引领、主导市场的网络新闻传播瞬间黯然失色。移动化、便捷性的独特特点让手机超越网络成了人们阅读浏览新闻的新宠。在关于大学生手机新闻接受状态的调查中，手机新闻传播情境移动化的创新特色也得到凸显，可以看出，受众对手机新闻阅读情境的选择愈加多样化，餐厅、车站、商业区、卧室……手机新闻阅读随着手机这一载体和网络技术支撑的无处不在而变得如影随形，丰富而移动的情境转换使得手机新闻的传播时刻处在动态中。

（五）传播服务人性化

手机媒体融合了报纸、广播、电视等多种传统媒介传播的形态，加速了人们传统视听习惯慢慢发生改变，也在不断演进和发展中接受了人们对于传播形态的新要求，比如增加人性化服务等，无形中再次推动手机相比于传统媒体更好的更新和发展，手机是目前最能够证明媒体融合趋势性特征的媒体。手机通话、手机短信、手机报纸、手机电视都已呈现在这个信息接收与发布的微型平台上。这个最初为个人语音通讯而发明的工具，不仅已成为各种媒体信息的接收终端，而且已经拥有日益强大的公共信息传播的技术元素。建立在技术优势上的手机媒体传播形态，在物质上具备了阅读文字、收看图片，电影的能力，又拥有着数以万计的用户市场，可以说具有得天独厚的优势，这些特征也为手机新闻传播的人性化服务提供了客观基础。

手机新闻传播的人性化体现在方方面面，其中操作过程中的人性化尤为突出，哪怕是一个小小的按键都有人性化的表征，轻轻一按，自动滚动新闻，自动储存浏览记录等。越是人性化操作也越能赢得广大受众的认可，把以往看似繁琐的东西简洁化。比如本地阅读选项中可以为受众提供最近浏览过或阅读过的新闻内容和图书记录，同时受众也可以设置背景，字体的颜色以满足不同受众的不同阅读需求。回翻操作，章节跳转操作，可以一键帮助用户快速地找到所需要的相关内容，这种个性化的操作可以满足不同用户的阅读需求，给用户最舒服的阅读体验。在帮助人们阅读的同时，使人们对它产生依赖感。简单的操作，让人们不知不觉地记忆了这种阅读的习惯，而这种依赖感又不仅仅体现在对于操作的依赖，同时体现在对阅读内容的依赖，一种情感的依赖。手机之所以被称为"带着体温的移动新闻媒体"，也因为手机新闻的接受越来越成为受众个性化的阅读体验。随着新媒体的井喷式发展和传统媒体的更新换代，广大受众对获取信息时的体验效果提出了更高的要求，手机新闻媒体的发展离不开对使用者体验满意度的满足，个性化体验效果成为人性化服务中的重要一环。针对来自不同行业、不同阶层的受众群体，每一类特定使用者对手机新闻的喜好与需求各不相同，面对多样化的使用需求，手机媒体的信息发布日渐形成专门化趋势，使用者可以依据个人兴趣订阅信息，选择性地屏蔽部分消息，有效提高了新闻传播效率。手机新闻媒体允许使用者对客户端进行个性化设置，从而实现阅读界面的个人性。同一使用者在不同的时间和场所对信息的需求也不尽相同，手机媒体在各时间段发布即时新闻、娱乐笑话、气象预报、生活指南等，可以进一步满足用户的动态需求。用户也可以通过对客户端流量等选项的自主性调试，达到节省流量等私人化要求。以手机电视为例，手机电视在一定程度上与传统的电视平台相比，具有更多的私人属性，在收视、交互上更具私密性和专用性。新的手机电视运营商在这样 1 对 1 的关系中可以根据用户使用情况定向发布个性化的推广内容，用以满足用户的各类需求。比如设定商务人士的专题化频道包括国际金融资讯、证券市场动态等相关专业性内容。

除了手机新闻客户端的个性化设置，手机新闻传播的交互性作为人性化创新又一主要特征，一改传统媒体单向传播的缺陷，在传播者和受传者之间搭起了一座桥梁。手机用户以手机为载体，除了被动接受新闻内容外，也在一定程度上发表自身的见解、看法等，与其他用户形成互动，甚至影响新闻的进一步报道。同时，手机的使用可以让受众与新闻制作者轻松的互动，即时传达和发表自己的意见，无形之中，提高了受众的参与度与地位，手机的新闻服务特点更趋人性化。

手机便捷、私密、简单操作的交互性特征使其在受众与广播、电视新闻的互动中产生了举足轻重的作用。不仅用户可以通过手机表达意见，发布在互联网平台上，编辑人员也可以从中采撷精彩的语句，通过新闻主持、新闻记者读出文字或滚动播出，进行互动。许多新闻节目都会根据当天的节目内容编制互动话题来和受众互动，以达到提高受众参与度的目的。这不仅仅丰富了节目的内容，同时也可以及时掌握节目的发展方向，有利于收视率的提高。使得整个新闻播报过程，无论对于新闻接受者还是对于新闻发布者，都更显人性和个性。

三、手机媒体新闻传播形态创新的意义

（一）人类感知与理性的延伸

如果报纸新闻的存在形态是人类语言的延伸，广播新闻是人类听觉和语言的延伸，电视新闻是人类视、听的延伸，那么手机新闻如同人类感知与理性的共同延伸，不仅可以让人耳聪目明，实时获取千里之外的新闻，同时可以根据不同需求的分析，迅速找到最适合的信息。手机新闻的传播形态让人们在"方寸之间"可以"足不出户纵观天下事"。手机

媒体是一种以自我为中心构造的媒体，人们已经将随身携带手机变为了一种习惯，变成了人类"肢体"的一部分，没有了手机，人们感知与分析能力将大打折扣。并且，手机新闻通过与社交媒体应用的结合，使新闻可以在社交群组中更加迅速的传播，了人类自身的延伸和扩展。

（二）构建全新的公共话语平台

德国的哲学家哈贝马斯认为公共领域就是政治权利之外，作为民主政治基本条件的公民自由讨论公共事务，参与政治的活动空间。[①] 而新闻是社会普遍认可的公共话语。互联网新闻的出现，让这样的公共领域拓展到"地球村"。而手机新闻形态的出现和创新，让公共话语的平台达到了一个前所未有的覆盖程度。

人人都可以实时地发表自己的主张、参与评论、表达对别人看法、对社会现象的质疑，让受众切实感受到自己的存在感。人们可以在获取手机新闻的第一时间参与意见，提出想法，冲击现实弊端，利用舆论压力促使相关责任人承担责任，改善工作，做到有效地监督。

同时也可以使有关部门及时掌握民意及社会问题症结，及时处理，有效改善。但与此同时公众也应该做到独立思考，并对信息进行有效的核实，以预防不法分子利用公众舆论制造假新闻，影响社会和谐。如何有力的把控，做一个合格的"把关人"责任就显得尤为重大。这就要求我们在鼓励公共话语平台繁荣的同时，不能放任它，要对公共话语平台实施强有力监管。

（三）与大众媒体共生，形成独特效应

媒介融合时代，手机媒介改变了既有的信息传播格局，在信息传播上的优势相对于传统大众媒体来说是全方位的，但却并没有使大众媒体在它面前逃遁地无影无踪，相反两者构成了共生状态。一方面传统大众媒体在以新媒体构建的传播逻辑中努力寻找可以使自己重新焕发生命力的有效途径，实现数字化转型；另一方面手机媒介也在极力从传统大众媒体那里获得一时还不能得到的一些资源，两者相互借力又相互竞争。

1. "蝴蝶效应"

"蝴蝶效应"本是一个气象学上的概念，是说某地一种微小的气流变化，过不了多久就会在第二个地方引发大的气象变化，即所有事物皆相关。将"蝴蝶效应"应用于信息传播，一方面要看到传播是一个发散的过程，一方面要特别注意任何传播必然有一个信息源，是任何其他媒体都无法比拟的。从社会意义上来看，"蝴蝶效应"也是传播主体的大

[①] 骆欣荣. 探究手机媒体对新闻传播活动的影响 [J]. 传媒论坛, 2019, (第9期): 40.

众化和信息传播的自由化的另一种体现，传播主体在制造新闻的过程中成为传播中心，手机媒介发布话题，在人们不断热议的同时，实现自己的话语权。但话语权的完成还在于接受者的不断反馈，从而形成新的话语，这种循环往返的反馈达成强烈的影响力，而这种影响力也终于在产生重大社会反响时生成意义。

2. "共鸣效应"

手机新闻的传播使传播者消息来源更广泛、受众获取渠道更畅通。一个新闻事件的报道能够在更快的时间传播给更多的受众群体，权威的报道和评论也能在最快的时间段里在受众中形成一种舆论反应，在社会中造成影响，即产生"共鸣效应"。

手机新闻内容渐渐成为人们沟通的主要话题，茶余饭后的谈资，如何利用手机实时获取最新最快的新闻消息得到了人们的追逐和热捧。由此看来手机新闻传播的发展潜力巨大。充分利用手机新闻时发时转、快捷接受这一特点，发挥手机新闻的"共鸣效应"，不仅可以促进社会形成更好的共识，而且可以促进民族团结，社会和谐和提高国家凝聚力。

四、手机新闻传播形态发展

随着现代生活节奏不断加快，人们的新闻阅读趋势也逐渐呈碎片化发展，更多人喜欢利用等车、候机、如厕、乘电梯等零散琐碎的空隙时间来浏览新闻。手机媒介凭借其便携、呈现能力突出的特点，当仁不让地成为受众的"新宠"。手机新闻未来发展潜力巨大。

（一）手机新闻传播内容多样化

受众在手机新闻使用过程中，信息消费轻松化的同时也会更加重视新闻信息的内容，报道分析的效力等。信息对受众是否有用，是衡量手机新闻价值的关键。在"媒介为王""渠道为王""匹配为王"盛行过后，在移动互联网时代不断更迭的产品和技术背后，亘古不变的仍是支撑着新闻产出与供给的内容质量。"内容为王"依旧是不变的永恒。

1. 加强与主流媒体交流合作

主流媒体无论它是什么形式都会深深地吸引受众，牢牢地掌控着话语权。因为主流媒体以严肃、深刻、真实的新闻内容赢得受众的信任和追随。主流媒体的新闻报道和评论总是会引起社会的热议和广泛关注，拥有强大的影响力。具有普通媒体不可超越的权威性和地位。而手机媒体在迅速发展的同时呈现出了许多弊端，一味地求快导致大量的剽窃，克隆的新闻内容飞速传播，真实性无从考证，越来越多的新闻失实，越来越多的受众质疑只能渐渐削弱受众对手机新闻的信任程度，降低受众忠诚度。公信力是媒体的生命线，一个没有公信力的媒体所进行的传播，与自言自语没有区别，这样的媒体将无法存活。

手机媒体新闻传播的发展必须加强和主流媒体的交流，关注主流媒体发展的最新动向，实现与主流媒体的业务捆绑，提升手机新闻传播内容的影响力和公信力。从而拓宽新闻来源通道，传递正确的主流价值观。首先要注重新闻的地域性特点，加强本地新闻报道，尤其是本地的现场新闻、民生新闻等和人们生活息息相关的新闻，并利用这个特点来吸引受众的关注，比如本地发生的重大事件的"首发"，抢占先机不仅可以提升手机新闻的影响力，同时可以使当地受众产生依赖，形成一批忠实的受众群。二是跟踪社会热点，社会热议话题一般具有一定的时效性且具有强大的影响力，这其中也体现着一定的价值观念和舆论导向。这就要求我们在报道的时候要以严肃，公正的态度作出最真实，权威，理性的分析，把握正确的舆论导向。最后要充分挖掘新闻背后的故事，在新闻发生之后做深入的跟踪报道，理清事件的来龙去脉，准确地分析问题的关键和解决的办法，让受众可以更加全面的了解新闻背后的真相。

2. 建立 UGC 信息补充机制

UGC 即"用户生产内容"，指网友将自己 DIY 的内容通过互联网平台进行展示或者提供给其他用户，用这种方式实现对传统新闻来源的广泛补充。利用自媒体网络平台吸引更多的关注，越来越多不同的声音来自四面八方，自媒体得到迅速发展。人们不再被动地接受，而是独自掌握获取新闻资讯，从而对事物做出判断。

以自媒体为代表的 UGC 跟其他专业媒体主导的信息传播有所不同，它的信息传播史以普通大众为主要力量，由传统的"点到面"的传播，转化为"点到点"的一种对等的传播概念。但是目前，还没有形成一定的规范，来确定自媒体发出的消息哪些可以定义为新闻，哪些又只是简单的传播行为。自媒体发出的"新闻"还只是停留在论坛、手机博客、微博、微信以及新兴的手机新闻客户端评论平台或网站中。自媒体现存的主要表达途径还没有得到开辟。内容也没有核心，往往是受众随意感知到的认为有价值的信息就通过手机发布出来。自媒体平台的兴起得益于它的平民化、互动化、易操作等特点，但同时，相伴出现的真实性缺失、标题党层出不穷、专业化程度低等问题也呼唤着合理规范与体系化管制的出现，让自媒体有一个属于自己的平台，让自媒体新闻成为主流媒体手机新闻的有益补充。

因此要建立一个专业的管理平台来对自媒体内容进行把关，从而筛选出可以采纳作为新闻的内容，扩宽新闻信息来源的同时可以提高受众的参与度，伴随受众的踊跃加入，新闻的信息来源将得到无限扩大。与此同时，手机新闻的内容也将越来越完善。

（二）手机新闻传播形式的全方位更新

手机媒体时代新闻传播形式的迅速变化以及其专有的特点影响了人们重新对新闻的认识，改变了传统的看法。科技的发展，媒体的激烈竞争促使我们要及时转变思维模式，创新传播理念，丰富新闻的表现形式以满足大众的阅读享受。

1. 新闻生产形式：媒体编辑向产品经理转型

产品经理又称品牌经理，是企业守门员、品牌塑造者、更是营销骨干。它既是一套完善的营销运作制度，更是博大精深的营销操作。产品从创意到上市，所有相关的研发、调研、生产、编预算、广告、促销活动等等，都由产品经理掌控。延伸到手机新闻的生产领域，面对传媒行业的整体转型，传统编辑的单一身份已无法适应传媒领域的激烈竞争，同时具备编辑和产品经理的双重身份更有利于手机媒体编辑对手机新闻质量的提升和手机媒体品牌形象的塑造。

手机媒体编辑需要借鉴产品经理全方位考量企业产品与服务的眼光，重新审视手机媒体用户在消费媒体内容时的需求。快捷、即时以及与满足受众需求的个性化。深化为产品设计中对不同形式新闻的区分化采编，简短的概要内容可以满足其快速获取新闻的需求，而深入地全面分析可以让受众更全方位的了解新闻背后的故事。

现阶段虽然产品经理意识还未形成全行业的自觉走向，但在部分手机媒体编辑中已出现了自发性的尝试，依据受众的不同需求将新闻内容进行分类，目前也已经有浏览器和一些新闻 App 体现了即时、便携性和可视性，这些影响内容交互是否简单有效的因素，也必将受到产品经理化的新闻编辑的有效运用。在传统的媒体编辑将思路转变至产品经理时，原有读者也将随之变为真正的用户，产品策划将和媒体内容并行成手机媒体发展的动力。在这样的思维模式下，以往的媒体就如同流线性制造业一样，缺乏和受众的互动；而手机媒体则是一个环形服务体系，需投入更多的运营和管理。编辑也要根据不同受众所喜好的方式来设计自己的内容及呈现形式。

2. 新闻展现形式：3D 新闻的全场景体验

手机媒体融声音、图片、文字等多种新闻形式于一体，在激烈的竞争中脱颖而出。但随着同类媒体相似度上升，审美疲劳和求新求异的观者心理注定会对手机媒体的展现形式提出更高的要求，高感受度、高还原度极有可能成为新闻传播行业发展的新增长点。

纵观近年来广义传媒领域的行业创新，3D 视觉效果、全息模拟、体感效果等极富体验感的形式愈加受到追捧，受众主体意识的增强不仅体现在对个性化的追求中，产品所带来的真实感和体验度同样成为大众主体性彰显下的新需求，相对于"被告知"，未来的传媒受众更倾向于身临其境地"去体验"。① 在这种趋势下，3D 新闻很可能成为未来手机新闻的发展趋势，通过相应的 3D 技术手段，使得新闻场景立体化、无死角地重现在用户面前。传统新闻媒体在剪辑过程中所带来的人为选择，往往会对新闻事件的重点和倾向有所

---

① 贺方程. 浅析手机媒体对新闻传播活动的影响［J］. 传播力研究，2019，（第 3 期）：85.

取舍，观者必然会受到采编人员私人化选择的影响，而在3D新闻对新闻现场的还原和全景展现中，新闻真实和个性化解读将成为可能。

3. 新闻传播形式：线下活动与线上传播相结合

目前，手机新闻的传播主要集中在线上，即通过网络宣传、分享、推送等方式扩大新闻事件的传播效果，进而塑造手机传媒企业的品牌形象。然而这种传播方式终究是单一的，手机新闻媒体的用户流动性大于传统媒体，不仅由于同类产品的可替代性强，也由于没有提升用户忠诚度的相应措施。形成并维护较为稳定和明显的受众群体，必将在一定程度上推动手机新闻媒体形成专业化和特色化趋势。

为了形成并巩固较为稳定的用户群，手机新闻媒体的传播形式也需与时俱进，交流、座谈、讲座、同城聚会等线下活动并不是传统媒体的特权，手机新闻媒体有着自身的灵活性，为随时随地的新闻传播提供了可能，也同样可以利用这种灵活性即时或定时地以某一话题、同一场所等公共因素聚集部分用户，为用户的线下活动提供支持。在线下活动中与用户面对面零距离沟通，无论是"一对多"的观点讲述，还是"多对多"念碰撞，在巩固用户群的同时，线下活动也将在推动受众关注新闻热点，过程中发挥重要的凝聚作用。

（三）手机新闻传播技术的多元化走向

技术的更新换代，往往推动新的传播方式的出现。不仅使新闻信息的表现形式更加多元化，同时也提高了新闻的传播速度与广度，完善了传媒的整体架构。而每一次新闻传播的历史性跨越都源于技术的革新，新技术为新闻传播带来了新生命，它贯穿了新闻发展的方方面面，技术的革新在新闻传播事业中起到至关重要的作用，这也让我们认识到，在发展新闻传播的同时要不断鼓励科技的创新。

1. 智能互联系统全面启动

手机智能互联系统可以为我们实现手机与家里、办公室、车里所有相应的媒介共同关联。让受众不再局限于手机小小的屏幕，也不用受限于传统媒介的不可选择、无个性推送、不方便携带、没有实时性等弊端。受众可以通过蓝牙同步（MHL）实现电视屏幕、车载屏幕、联网投影等与手机屏幕的同步互动。让人们不再局限于一个小小的屏幕，可以随时随地随心情的自由转换，同时当我们看到感兴趣的或者重要的新闻同时也可以通过手机关联到家人的手机，电视，或车载屏幕上，做到新闻的实时分享，推送互动。比如当我们用手机浏览到最近天气要降温的新闻时，可以实时推送到父母家里的电视上，让他们可以第一时间获取消息，及时预防，添衣保暖。这不仅让我们的视觉选择更加的随意化，同时也大大提升了新闻的传播效率和传播范围，让我们的手机新闻接受体验变得更为便捷和人性化。

2. 手机 App 平台的技术创新

信息传递离不开人类"视觉、听觉、触觉、嗅觉、味觉"等感官体验的生理基础，感官的调动程度在很大程度上影响着个人对信息的感知强度和记忆时长，以往的新闻传播多建立在视觉和听觉的基础上，基于增强感官感受的角度，手机新闻传播的创新值得在视觉和听觉的技术革新中获取灵感。

为了带来更完美的视觉享受，一款名为 AR 的增强现实技术可以为手机新闻图像的革新提供借鉴。AR 技术就是可以利用移动终端为硬件基础，生成一种还原真实的可看，可听，可触摸又能动的虚拟世界，根据特定图像的位置移动而移动。对于受众而言，这项技术不仅可以通过虚拟系统感知到客观世界的逼真性，还可以打破时间和空间的限制，体验真实世界无法感知的经历，实现用户和环境直接进行自然交互。简而言之，AR 技术就是可以通过程序自控，将平面图像通过声音、动画、动作等特效立体化呈现。除此之外，全息投影技术也就是虚拟成像技术，是在干涉与衍射的原理的基础之上使物体呈现虚拟立体图像的再现技术，不但可以生成虚拟的立体幻象，还能够让虚拟与现实人物产生互动。如果手机新闻传播能够充分利用这些新型的视觉技术，一定会为受众带来全新的视觉享受。

在听觉效果的技术升级中，语音识别软件已提供了技术基础，手机新闻 App 广泛推广语音播报功能，不仅将为有视觉障碍的人提供了便利，也使得广大用户在开车、进餐、处理简单事务的同时可以"一心二用"，提高新闻的传播效率。并且，互动性的语音识别也将成为手机新闻 App 急需推广的新用法，语音搜索相关新闻、语音添加评论将同时解放用户的双手和眼睛。

现阶段的手机新闻传播主要局限在视觉和听觉的范围内，而对于触觉、嗅觉和味觉等感官尚且无法顾及，但人体的感觉其实都是转化为生物电传递到大脑中的，如果能够用电子信号来模拟生物电，很可能实现多种感官感受的电子信号传递，为手机 App 平台感官体验的升级换代提供更多的技术支持。

第二节　微博、微信与新闻传播

一、微博的传播模式与动力因素分析

（一）微博的特征分析

1. 便捷性和移动性

互联网时代，不管是博客，SNS 还是微博，都解除了在技术方面的限制，用户可以通过连接网络，通过简单化的操作模式达到连接微博、使用微博的目的。生产工具相比WEB2.0时代进一步简化。同时，微博时代，140字的字数限制使信息发布的内容也更加简单，人们不再局限于博客时代需要构思、收集素材、写作，使微博的操作与发布更加简单。

微博接入方式多样化，你可以通过网页、IM、手机、平板电脑等终端设备接入微博主页，尤其微博与手机等移动设备的结合，使微博具有移动性，信息的发布不再局限于电脑等不可便携的设备，手机成了可以随时随地发布信息的方便工具。①

2. 草根性和低文学性

与以往媒体不同，微博在很大程度上降低了内容创作和信息发布的门槛。微博的便捷性和低文学性使人人都可以创造微博。

对于传统的媒体，媒体的传播关系单一、内容复杂，多数人仅仅是内容的消费者，传播关系是权威媒体为主导的中心化传播模式。WEB2.0时代，网络开放，信息制作简化，人们可以自由地通过博客等网站发布自己的内容，传播方式由原先的单向传播逐渐演变成半中心化的传播模式。到了微博时代，信息制作进一步简化，开放的平台使人人都可以是"播音员"，人人都可以通过微博平台发布信息、分享观点。同时，140字的字数限制，可以只是一句碎言碎语、一条简单的现场信息、一张图片、一条链接，呈现出低文学性特征，满足普通百姓表达的需求与欲望。微博赋予了人的活力，任何人都可以是主角，使人们渴望表达。传播平台的完全开放、内容的简单操作使传播方式演变成了"去中心化"的草根模式，人们在这种去中心化的传播网络中，自由地发布信息、分享观点，完成双向或多向的沟通。

3. 实时性和延时性

由于终端的多样性，微博表现出实时传播和延时传播相结合的特点。实时传播意为信息的发布和接收是同步的，如手机、IM、电视、广播等；而延时传播则是信息的发送和接收不具有同步性，信息的接收往往迟于信息的发送，比如电子邮件、报纸杂志等。

微博由于与手机等移动终端的结合，使微博传播具有即时性的特点，这也是微博区别于一般传统媒体，以及博客、SNS等的优势。手机等移动媒体的加入，为微博提供了快速、便捷的发布平台，我们几乎可以在第一时间，把生活中遇到的感兴趣的事发布到微博上，并实现与"粉丝"的即时互动，仿佛像电视、广播等媒体的现场播放一样，你还可以插入图片、声音、视频等媒体形式，丰富微博内容，增加现场感。

微博的延时性是指发布的信息不像传统的电视、广播等稍纵即逝，微博上的信息不会

---

① 雷浩. 浅谈微博的传播特点及问题［J］. 文存阅刊，2020，（第26期）：55.

随着时间的推移而消逝，当你错过了一条信息或者一条评论，你可以通过关注发布者，或者通过搜索关键字查询信息，这样你也可以看到这条信息的全部内容以及转发、评论情况。

微博实时性和延时性传播相结合的特点，使微博实现了全时性的传播优势，满足新闻信息多层次、多角度报道的特点。

4. 聚合性和碎片化

微博巨大的用户数量显示了微博强大的聚合性，以及在遇热点事件时微博的群聚力量。重大热点事件使用户群聚在微博平台上，发布信息、表达思想、相互讨论，为用户提供一个开放的场所沟通与交流。

与此同时，我们也看到了巨大的用户数量以及每日的发博量带来的负面因素：大量信息以分秒刷新的速度在微博上更新，信息海量、内容零碎，以碎片化的形式呈现在微博平台上，使得微博上有价值的信息容易被淹没在海量的信息浪潮中。而且，微博140字的"微小"内容也使微博上的信息呈现出碎片化、零散化的特征。因此，微博一方面表现出碎片化的特征，另一方面微博呈现出聚合性的特点。

（二）微博的传播模式

以新浪微博为例，微博最主要的功能是"关注""评论""转发""@"通过这几个功能，一条微博可能达到上万次的评论与转发，使信息达到广泛传播的效应。

"关注"功能，是指用户对自己感兴趣的微博博主"加关注"，这样微博主更新的微博就可以实时的在自己的微博主页上显示出来，而你就成为你所关注的微博主的一个"粉丝"，通常媒体官方微博、娱乐明星、名人等拥有庞大的粉丝群。

"评论""转发"功能是在微博上最常见的用户之间的互动。"评论"是在别人所发表的微博上回复你的观点和意见；"转发"是指将别人所发布的微博引用到自己的微博主页上作为自己更新的一条微博内容，你可以选择对这条"转发"的微博发表评论或者仅仅转发。

由媒体或名人拥有的强大粉丝数，以及微博的评论、转发功能，可以看到微博强大的传播力。一个微博主可能拥有上百万的粉丝，他所发布的信息就可以被上百万次的人看到，并被这些人评论、转发，被转发后的信息又会被更多的人看到。

1. 裂变式传播模式

裂变式传播形象地比喻传播过程像原子核分裂一样迅速、广泛并蕴含巨大的能量，是指一个原子核分裂为两个或更多，然后不断的继续分裂、传递能量，最后在短时间内爆发出巨大的能量。微博的传播过程类似于核裂变过程，一条微博被发布以后，再由对此条微博感兴趣的粉丝继续转发并分享给其他粉丝，并以此规律迅速蔓延开来，使此条微博在短时间内被广泛知晓。把微博的传播模式比作核裂变传播，足以看出微博强大的传播力量。

微博的这种传播速度和广度是非常惊人的，它的这种核裂变式的传播模式依赖于微博的"关注"和"转发"机制。粉丝通过关注接收信息，通过转发传播信息，使信息在被关注的同时，并被不断地推动着传播。固然裂变式传播模式使微博能够广泛迅速的传播，但同时大量碎片化信息的扩散，使得微博上信息海量掺杂，有价值的信息容易被淹没在微博的信息海洋中。

2. 蒲公英式传播模式

蒲公英式传播跟裂变式传播有几分相似，但是又不完全相同，也是微博传播的常见模式。蒲公英式传播主要是指信息由一个微博用户发布，其他多个微博主转发该信息，并以这些微博主为中心再次进行扩散传播。这种传播方式就像蒲公英一样，一粒种子被吹到哪里，就在这个地方生根发芽，长出更多的蒲公英。一条热点微博信息可以被无数次的浏览、转发、分享，这种蒲公英式的放射传播模式使微博的影响越来越大，每个人都可以成为信息的传播者，不断地扩大信息的覆盖面，形成持续广泛的影响。

蒲公英式传播模式有利于企业运用微博进行营销推广活动，也利于新闻传播活动。一个企业可以通过官方微博发布相关信息，并通过子微博转发、传播该信息，使此信息达到不同的受众群，最终从一个点出发，达到多重传播的目的。

这种传播模式应用于新闻信息传播所产生的优势可以见于拥有多个子媒体的新闻媒体的信息传播中。以新浪微博为例，新华社在新浪微博上拥有多个栏目的官方微博，比如"新华视点""新华民生""新华社中国照片编辑部""新闻社体育部""新闻社消息""新闻社财经周刊""新华社中国网事""新华社电视 CNC"等，不同的官方微博拥有不同的粉丝群，当一个新闻事件发生后，通过新华社官方微博发出，再由新华社其他"子微博"同步转发，能使新闻事件达到不同的受众群体，从而形成最广泛的覆盖面，达到最好的传播效果。

蒲公英传播模式契合六度分割理论。六度分割理论认为你和任何一个陌生人的间隔不会超过六个人，也就是说，最多通过六个人的关系，你就能够认识任何一个陌生人。那么，微博的蒲公英式传播就是一条信息你让六个人知道，那么通过这六个人，你就可以将微博传播给微博平台上的任何一个人知道。由此可见微博传播在理论上可以达到的广泛性。

3. "设置议题"聚合信息传播模式

在传播学理论中"议程设置理论"是指传统媒体提供信息和安排相关的议题来有效地

左右人们关注某些事实和意见，使人们关注的焦点放在媒体认为重要的信息上。而微博也有效地利用了这一理论把人们聚合在微博平台上，通过当前发生的热点信息设置议题，供用户讨论，将用户发表的观点和意见聚合在微博平台上。这样的传播方式弥补了微博信息传播"碎片化"的劣势，为用户提供平台自由讨论，发表意见。

国内微博在创立之初就感受到了微博强大的聚合力，并重视议程设置的重要性，这弥补了微博信息量大、碎片化的缺点，国内各大微博网站也开设专门的栏目聚集热点信息供用户发表意见，为用户提供了公开讨论的场所。

微博的强大的力量源于其聚合效益，每一个用户都可以自主地报道身边发生的新闻，让每一个人都可以参与到热点新闻事件中来，聚合亿万网民的"微力量"，从而促使"微力量"迅速聚合产生强大的力量。同时，微博运营商们和媒体都感受到了微博这种强大的力量，有效地利用"议程设置理论"以及微博超强的聚合力，制造热点或话题使用户聚集在微博平台，引导用户对某一热点事件或重大新闻信息发表观点、表达意见，微博平台上，媒体与媒体之间、媒体与用户之间、用户与用户之间超强的聚合与互动，达到信息的广泛传播以及观点聚合的效应。

4. 多级传播模式

很多微博上的重大事件都是从一条微博开始，然后经过群体之间的传播最后扩大成社会事件。对微博的传播加以分析可以清晰地看到微博的多级传播模式，微博最初的传播基本上都是个人对个人，或者个人对群体（绝大部分是其"粉丝"）的传播，主要是普通微博用户之间的交流和互动，但一旦某事件进入公众视线、引起公众兴趣，则会迅速转变成"大众"传播，引起社会关注。

微博上这种传播效果的不断加强和发展升级源于微博由最初的个人对个人或个人对群体的初级传播发展成面对面的大众传播，这不仅仅依赖于微博对事件进展的不断更新，同时为了使信息更具说服力，微博往往通过增加图片、音视频或者添加链接的形式与互联网媒体结合，甚至与报纸、广播、电视等传统媒体结合，以实现大众传播。微博的再次传播链接了电视媒体的声音和图像报道、融合了纸质媒体的深度解读，以及网络媒体的音视频播放和网友互动评论等，使得微博的信息在广度和深度上不断升级，实现微博的多级传播模式。

（三）微博传播的动力因素分析

微博传播扩散的动力因素除了微博天生具有的低门槛、低文学性、便捷性等因素外，最重要的一个动力因素就是微博去中心化的草根传播模式，通过草根的力量使得微博能将重大事件、热点新闻等公共信息更广泛的告知，当然权威媒体的官方微博的作用不容忽视，但活跃在微博上的大量"草根"却是非常重要的传播动力。微博的这些特性在前面已经提及，这里主要从传播学、心理学和社会学角度分析微博传播的动力因素。

1. 社会动力因素

（1）社会群体卷入的偶然性和必然性

"群体"通常指的是指相互联结的、相互作用、存在着相互影响关系的个人的社会集，有着共同的利益、观念、目标、兴趣等。传统意义上的群体往往是指现实生活中由两个或更多个体组成的人的集合，这些人为了实现某个特定的目标而聚合在一起，他们之间相互影响，相互作用，相互依赖。而在网络信息时代，"群体"可以理解为在网络上某一小部分人群因为共同的兴趣爱好或者为了实现某一共同目的在互联网平台上形成的用户的聚集，他们聚集在一起自由发表观点和意见、相互讨论、相互影响。

回顾微博上发生的重大新闻事件，有些在微博上引起轩然大波的新闻事件仅仅源于偶然的因素，这些事件的初衷仅仅是供自娱自乐或者是为了粉丝之间的互动，并没有料想到结果会引来社会群体的大量卷入，逐步演化成社会事件，这种偶然性的群体性卷是微博传播上时有发生的事件。社会群体卷入的必然性则是微博用户在发布某一信息时，希望引起社会关注的，获得社会群体力量的帮助，达到解决问题的目的。

（2）个体群体合力作用

为了使公共事件的影响最大化，一般情况下会广泛吸引关注和聚合力量，使事件得到最快最好地解决。传统的媒体如报纸、广播、电视在报道公共事件上能使广泛的知晓，但与群众互动较弱。网络媒体出现后，普通群众可以通过网络自主地获取信息、发表意见，形成良好的互动，但自从微博出现以后，微博强大的传播力使得公共事件在微博上能够得到迅速的传播，并由于实时性的互动和极强的现场参与感，使得每一个微博用户都能如同"面对面"般地发布和获得相关信息，并实现"现场"讨论。个人力和群体力在微博这一平台上很好的互动与交流。个体的力量是微弱的，一条微博内容也是微小的，但是通过微博上的用户层层评论、转发，最后汇集成群体的力量，从而使事件的覆盖面和影响力不断扩大。

（3）从个体需求到社会诉求的多重满足

微博作为一个新的传播平台，具有"4A"特征（Anytime, Anywhere, Anything, Anyone），即任何人在任何地方都可以在微博上发布任何事件，因此，微博的"4A"特征革新了信息传播模式。信息传播的媒介不再掌握在少数人的手中，普通群众也不再是信息的被动接收者，同时也打破了信息传播的时空限制。微博这一平台充分体现了"自媒体"的特点，普通用户可以通过微博发布自己的"新闻"，满足个体表达的心理欲求，人们可以根据自己的兴趣关注新闻，也可以将自己的所见所闻第一时间发布在微博平台上供广大用户分享，这满足了用户充当"主角"的愿望。

在互联网出现以前，尤其是在微博出现以前，社会没有给公众提供一个合适的场所发表诉求，很多个体需求和社会诉求得不到合适的表达，公众没有找到一个很好的出口，往往处于被动的局面。微博出现以后，以极其开放的平台和特有的草根模式，使得公众有了一个平台可以自我满足、相互交流，为个人和社会提供了一个"发泄"的场所。纵观近两年的重大事件，绝大多数都是"微博先行"，传统媒体再做报道。微博平台使个体需求和社会诉求得到多重满足，个体和社会反过来也成了推动微博传播的社会动力。

2. 传播学动力因素

（1）意见领袖的推动作用。

意见领袖是指在人际传播网络中经常为他人提供信息，同时对他人施加影响的"活跃分子"，他们在大众传播效果的形成过程中起着重要的中介或过滤作用，由他们将信息扩散给受众，形成信息传递的两级传播。

在微博传播中，意见领袖的身影无处不在，他们可以是某媒体的官方微博，也可以是名人，也可以是活跃在微博平台上的"草根"用户，他们拥有大量的"粉丝"，信息通过他们的微博传递给其他用户，比较具有权威性，因此增加了大面积传播的可能性。

（2）单向的用户扩散模式。

在传统的互联网平台，比如博客，SNS，通常是半开放模式，只有相互关注的用户才能看到彼此的信息，彼此才能交流互动。微博打破了这种模式，微博完全开放的平台，使得用户只需要一方"关注"，就可以在该用户的主页上看到你所关注的用户的信息。这种单向的用户扩散模式完全消除了信息分享和传播的障碍。

在微博上，那些活跃在微博上的名人通常拥有上百万的粉丝，意思就是他们被上百万的人所关注，他们每天发布的信息可以被上百万的人阅读，但是他们所关注的可能才仅仅几十或几百。因此，这种单向的用户扩散模式在很大程度上保证了微博的传播力，使得信息可以在微博上自由的分享和传播而没有像传统网络媒体的那些限制。

3. 心理学动力因素

"使用与满足理论"认为人们接触使用媒介的目的是满足自己的需要，这种需求和社会因素、个人的心理因素有关。因此，用户使用微博也是基于一定的目的，这种目的也是为了满足用户自身的需求和目标。人们使用微博的主要目的是记录生活、发表观点和价值诉求以及获得信息，微博是草根情感宣泄和满足自身需求的重要工具和渠道，这意味微博已经成了草根自我表达和自我满足的重要舞台。

（1）自我形象的构建

在心理动力学中，有本我、自我与超我，"本我"代表欲望，受意识遏抑，是完全潜意识的；"自我"主要负责处理现实世界的事情，大部分有意识；"超我"是良知或内在的道德判断，仅部分有意识。在微博世界中，由于微博的匿名性，用户常常表现出"本我"的特点，在微博中往往表达出最真实的情感，发出内心的声音。投票结果显示，微博用户使用微博最主要的目的是表达情感，记录生活。通过情感的表达和对生活的点滴的记录，用户将自己的心情和生活与"粉丝"分享，有助于用户在朋友中塑造最真实的自我形象，这种真实的自己更易交到兴趣相投的朋友。

（2）价值和身份认同

在高速发展的信息时代，"快餐式"的生活节奏让人们缺乏交流，现代人往往感到孤单，有一种被忽视的感觉，常常得到不相应的价值和身份的认同，因此急迫的建立起被关注与认同的关系。微博的出现，给人们提供了一个抒发感情、释放情绪、与人交流、享受关注的平台。普通用户可以通过微博平台发布自己感兴趣的事件、可以抒发情感、针对某一话题发表观点、享受关注与被关注、结交朋友等。在微博上，你可以发起话题，寻找有共同爱好的朋友一起分享、讨论，你也可以参与你感兴趣的别人的话题，在这个平台上你可以找到大量的与你有着共同兴趣、爱好的朋友，而这种"朋友"关系并不是真实人际关系的网络复制，这些"朋友"可以是现实生活中的朋友，但大多数都是基于对话题的共同兴趣而相互关注、交流与分享的"关注与被关注"的关系，而这种微博用户关系往往能带来价值和身份的认同，从而享受一种"被关注"与"担当主角"的满足感，而这种满足是人们在现实生活中不能轻易得到的。

（3）权利和权力的满足

微博这一高度开放的平台使得中国公民有获得公共话语权以及自由表达权利的可能。微博作为一种新型的舆论传播工具和重要的信息传播渠道，不仅媒体重视微博，政府也越来越看重微博这一平台的舆论影响力和传播力，越来越多的政府组织注册官方微博，利用微博的优势发布信息、与公民交流、引导舆论，比如政府官方微博，微博逐渐成为政府沟通民意的重要平台。普通群众可以通过微博与政府平台沟通交流、表达诉求，微博为公民的参与政府讨论提供了一个开放的平台，公民可以自由的表达、提供意见和建议，微博使公民的话语权和自由表达的权利得到了充分的体现。

二、微博对新闻传播的影响优势

（一）对新闻素材采集渠道的影响

1. 传统的新闻采集渠道

新闻源即新闻来源或新闻的出处，指新闻从哪里获得。传统意义上的新闻采集渠道一般有三条路径：一是记者主动采访他人，比如采访某一事件的当事人、采访事件的目击者或采访政府官员或公司领导等；二是记者在现场目睹新闻事件，可以是新闻发布会，可以是某一突发事件等；三是通过查阅有关资料或者他人的来信来电来访等。[①] 新闻素材是记者在采访新闻时所获得的原始材料，记者经过整理、写作、编辑最后形成一篇供受众阅读的新闻

2. 微博提供广泛的新闻源和多样化的新闻素材

互联网时代到来后，网络成了新闻素材采集的一个重要渠道，为媒体提供多种多样的新闻素材。网络给记者提供新闻源的方式也是多样化的，比如通过与提供线索的人 QQ 聊天或发来电子邮件等，或者在论坛、网页上发现新闻线索、然后再经过证实、调查组成最终的新闻稿件。虽然网络上的信息海量，消息真假掺假，但网络的快捷和方便使传统媒体对其产生越来越强的依赖心理。网络的发展可谓一日千里，媒介的推陈出新的速度也是相当惊人的，微博的出现更是为传统媒体注入了一股新鲜的血液和力量。

微博平台的开放性使人人都能使用微博，人人都能通过微博发布信息，微博的这种模式打破了群众的沉默，为普通百姓提供了一个"诉说"的平台。在没有网络时代，寻找新闻源是记者的专利，普通群众往往只有通过写信、电话或者邮件甚至上访的形式提供新闻线索，而且成功的概率并不是很高。当网络出现后，尤其在微博出现后，微博的"4A"特征使得用户能够随时随地的将自己的所见所闻第一时间发布在微博平台，这激起了用户充当"记者"的热情，用户在微博上自由的发布各式各样的信息，其中不少信息具有新闻价值或能够为专业媒体提供新闻线索。

微博为普通网民关注身边的热点事件，参与热点新闻的传播提供了媒体平台，这反过来使得微博成为记者寻找新闻线索的一个很好的平台，在这个平台能从不同的微博用户中获得不同的线索，同时，微博用户的广泛性也体现出了微博所能提供的新闻源的广泛性。

---

① 杨萍. 浅析微博新闻传播的优点与缺点 [J]. 新闻传播，2018，（第 1 期）：53-54.

（二）对新闻信息传播平台的影响

1. 传统的新闻信息传播平台

报纸、广播、电视是进行新闻传播最主要的平台。报纸利用其文字优势可以对新闻信息进行深度报道或评论解释，由于报纸由于其时效性不强，对于重大新闻通常采用专题报道的形式进行深度解释或评论。广播利用其声音特点给人们一种亲近感和真实感，但是声音转瞬即逝，不易保存，因此在新闻报道的时候通常是利用新闻访谈给人以现场聆听的感觉。而电视由于画面的优势给人以亲临现场的真实感，对于新闻事件有直观的认识，现在几乎每家每户都有电视，所以也能使新闻传播的效果最大化，是现在普通百姓广泛接受的一种新闻传播平台。互联网的出现使得新闻传播的平台有了重大突破和创新，互联网的新闻传播融合了报纸文字的解释优势、广播电视的现场感以及良好的受众反馈机制使得网络成了新闻传播很好的载体。

2. 微博是"天生的"突发事件传播平台

在微博时代，人们通过微博获取新闻。微博成了新闻传播的新平台，创新了传播的新闻传播模式。微博的简便性和手机等移动设备的移动性、实时性相结合，使信息发布的过程变得简单快捷。微博独特的"4A"特征使得任何人都能在第一时间报道事件的最新情况，一方面是因为手机与微博的结合使能够随时随地的发布信息，手机的便携性比起电视直播设备的不方便而更具优势，手机发布信息超强的实效性比起报纸媒体的新闻传播也显得优势突出，特别是科学技术日益发达的今天，手机的功能越来越强大，不仅可以发送短信，还可以编辑图片、声音、视频等媒体形式，因此，微博用户可以通过手机发布文字信息，也可以通过手机拍摄现场的视频发布到微博上；另一方面因为微博提供了最快速、便捷、多样化的发布平台，我们几乎可以第一时间把生活中遇到的事件发布到微博上。

突发事件是指意外地突然发生的重大或敏感事件，包括自然灾害，恐怖事件、社会冲突等等。在新闻传播领域，突发事件常常是指诸如"地震""海啸""矿难"等一切突然发生的、影响公共生活或公共秩序的重大事件的总称。此类事件的发生一般对社会具有消极影响且具有较大的社会冲击力，它的发生和发展通常关乎公众的利益，牵涉面广、发展速度快、后果严重等。

由于事发突然，造成大面积群体伤害，事件影响严重，社会普通群众高度关心事件的发展态势。媒体在报道此类突发事件上也是高度重视，电视媒体通常采取第一时间全程直播的方式让广大群众知晓事件的实时发展状况，如2008年的汶川地震，央视以尽可能快的速度让全世界看到了四川当地的灾情，这是我国电视首次全程直播灾难事件发生和救援的全部过程。当时央视迅速、实时的直播让全国人民了解了灾难发展的最新的动态。同时，由于报纸媒体时效性不如电视媒体，因此取深度报道的形式与电视媒体形成互补，通过报纸群众可以了解到灾难发生的原因以及救援的进展情况等等。在这次重大灾害事故中，互联网也起到了巨大的作用，由于电视和报纸媒体与受众的互动性不强，网络成了全国人民关注灾难，伸出援手的主要阵地，网民利用网络发起救援，在普通群众中迅速传播。

微博具有传播速度快、信息分秒更新、覆盖面广、超强的互动性以及随时随地发布信息的先天优势。突发事件具有突发性、扩散性、破坏性以及影响广等特征，这也需要新闻媒体迅速的报道和广泛的告知，实时的跟进事件发展状况以及及时的受众反馈，这些要求是微博的先天优势所能实现的。微博作为"天生的"突发事件传播平台，对新闻传播具有深远的影响，创新了新闻信息发布平台，革新了新闻信息传播方式，同时改变了传统媒体单向传播的特点，受众的积极参与，使得新闻传播更迅速、更具人性化色彩。

（三）新闻报道模式的革新

传统的报纸只是一种平面的印刷媒介，传统的广播、电视只是以时间为轴线进行传播和反馈的线性电子媒介。而互联网的出现向大众展示了全媒体时代的到来，新闻报道整合了文字、图片、动画、视频、音频等媒体表现形式，同时信息的传播也不受时空限制。尤其是"微时代"的到来，微博的新闻报道模式更是契合了这"快餐式"的现代人的生活节奏。

1. 多媒体和立体式的报道更具现场感

微博的新闻报道不同于传统的新闻报道其根源还在于微博先天的特征：内容微小、传播速度快、信息更新迅速、融合了多种媒体形式等。正是由于微博的这些特征，也成就了今天微博的新闻报道模式，革新了新闻报道的传统模式。

微博的新闻报道集文字、图片、声音、视频等多种媒体形式于一体，呈现出多维度、立体式的报道模式。一篇完整的新闻报道一般包含标题、导语、正文三个部分。如果是对于重大新闻事件的报道，则采用专版或图文结合、深度报道的形式。而微博由于字数的限制，微博在进行新闻的报道过程中，一般采用多条微博相结合的报道模式，并逐级丰富新闻的内容和形式。

微博的新闻报道模式是呈现出层级的、立体式的多级报道模式，这源于微博的多级传播优势，微博新闻的首次报道主要是类似于传统新闻导语式的报道形式，目的是第一时间告知公众发生的事情，以争取新闻报道的时效性。微博新闻的第二次报道则是更多的实时更新，对于事件发展进程的更新，增加现场的图片信息或视频信息，增加其他网络媒体相关报道的链接，使新闻事件包括事件发生的起因、经过、结果，使新闻事件逐层地呈现在公众的面前，微博的新闻报道的多级模式增加了报道的现场感，使得新闻更加立体和真实地呈现在公众眼前。①

2. 微直播——创造全新的新闻直播模式

"微直播"是微博时代特有的术语，是微博时代所创造的全新的新闻直播模式。传统的新闻直播是以广播电视为基础，将事件现场情况通过演播室播讲或表演同步播出，但是传统的新闻直播需要庞大设备系统的支持，如新闻直播车、摄像机、直播间等等。在微博直播中，普通网友也可以通过微博平台参与现场播报。由于手机用户的基数大，以及微博用户强大的聚合力，微直播能立即实现现场与广大微博用户之间的互动，同时，普通网友也可以与现场嘉宾互动，使人人都可以成为活动的主角。

目前，微直播已经深入政治、经济、文化、娱乐等多个领域。微直播凭借微博巨大的影响力、微博平台超强的聚合性、微博传播的快捷性和互动性以及微直播本身的现场性等特点，微直播已成为新闻信息传播最快速的平台，是用户参与最便捷、互动性最强的平台，同时还可以链接到网站、SNS、甚至与传统媒体形成结合，形成多终端交互传播模式。

微直播正在极速的发展，凭借新浪微博的巨大影响力，目前国内发展最好的是新浪微博的"微直播"，它以"人人都是直播台"为口号，体现了微博直播的个性化和参与性等特点。微直播改变了传统媒体独占媒介资源的优势，使得人人都可以参与直播互动，创新了新闻的报道模式。

（四）受众参与模式的转变

通常意义上，新闻信息传播目的是两方面的：一是传播者的需要，需要通过新闻表达意见、发布观点以引导舆论。二是接收者的需要，是受众了解世界最新发生的事实的需要，是受众及时了解客观世界的变化以便更好地认识世界，及时地做出决策。不管是传播者的需要还是接受者的需要，受众都是新闻传播最关键的环节，传播者需要及时的获得受众的反馈，从而对受众进行舆论引导，为社会营造健康积极的舆论环境，而受众需要及时地将自己的需要反馈给传播者，让传播者了解受众最根本的需要是什么，以便根据受众的需要进行舆论引导。

1. 向度传播变为全民参与

在互联网还没有出现的时代，受众获取信息往往是被动的，受众接收到的信息是"被安排的"，这些信息都是由掌握传播技术、传播资源的少数媒介集团或专业记者预先制定好的。受众所认识的世界是主观的，是由传统媒体所展示出来的世界，受众只有被动地通

---

① 宫巧利．浅析传统媒体微博新闻的传播特点与创新［J］．中国传媒科技，2019，（第5期）：73-74.

过阅读报纸、收听广播、观看电视了解到当今世界所发生的事情。受众与媒体的互动方式仅仅限于来信、来电、上访等方式，普通人很难跨入信息传播的门槛。在传统媒体时代，新闻信息的传播方式是以传者为中心的单向度传播模式。随着电子邮箱、IM、博客等媒体形式的出现，极大地增加了受众参与新闻传播的积极性，网络成了主流媒体新闻的重要补充，也逐渐成为公民获取新闻、参与新闻的重要阵地。

微博作为网络时代的最新产物，被广大网民所接受并逐渐成为群众获取新闻、参与交流、发表观点最有效的平台。微博的公开性以及超强的互动性使人人都能参与其中，引爆了普通百姓参与重大新闻事件的热情，因此，当今的新闻传播经历了传统媒体时代以传播者为中心，再到互联网时代传播者与受传者积极互动，到现在的微博时代的全民参与。微博"去中心化"的传播模式使人人参与新闻报道，人们敢于发表观点，热衷于分享身边的新鲜事情，微博时代激起了人们的社会意识、公民意识、参与意识。

互联网的出现，改变了传统单一线性的传播格局，微博"去中心化"的传播模式确立了受众在大众传播中的主体地位，进一步强化了新闻传播中媒体与受众的新型互动关系，深刻影响着新闻传播发展的进程，加速了主流媒体的变革。

2. "公民新闻"对专业新闻的重要补充

"公民新闻"，又叫"草根新闻"，是随着互联网的出现逐渐兴盛，是指公民（指非专业的新闻传播者）通过个人通信工具、大众媒体等形式发布到大众传播平台上供所有人共同分享的发生在身边的有新闻价值的第一手信息，而这里所指的大众传播平台通过是博客、SNS、微博、论坛等普通网民日常可以接触到的传播平台。简单地说，公民新闻就是指新闻的获取、写作、编辑、发布过程都是由普通公民一手操作，而没有专业媒体记者的介入，这种完全由公民自己采写的新闻被称作是公民新闻，比如，当你经历一个突发事件，你将现场的情况以文字或图片、视频的形式发布到微博上，这时你所发布的新闻就被称作"公民新闻"，而你就成了"公民记者"或称"非专业记者"。

"公民新闻"是对传统媒体新闻报道的一种颠覆，它代表了一个时代媒介发展的历程，是自媒体时代的必然产物。随着手机、博客、微博、数码相机、IPAD等自媒体的出现，普通公民掌握了新闻传播的简易设备和媒介，为公民发布新闻提供了技术支持，这唤起了公民自由表达的权利意识、极大地刺激了公民的传播热情，使得公民可以通过日常的传播媒介将所见所闻传播出去。而在"公民新闻"的传播过程中，网络传播是关键环节，是公民新闻得以扩散的重要阵地，微博是网络时代的最新产物，它极其开放的平台以及草根特征使得微博已然成为大量"公民新闻"的诞生地。

微博时代，被专家称作草根集体狂欢时代。大量草根群体聚集微博平台，利用微博的自媒体特征，以及微博信息传播的便捷和迅速，参与新闻报道，"公民新闻"不断涌现。

微博的出现为公民主动参与新闻报道提供了巨大的、开放的舞台，同时促使着"公民新闻"的不断完善与发展，改变了传统的新闻传播形式，强化了受众的主体作用，使受众主动参与新闻传播，"公民新闻"成了专业新闻传播的重要补充，不断地影响着新闻传播。

三、微博新闻传播的对策

（一）尊重个人表达权，控制表达的底线

媒介融合给人们带来了网络化的数字媒介，使人人都有拥有自己的媒介的可能，微博的出现、"非专业记者"的崛起、"公民新闻"的涌现，如此种种都表现出公民的越来越宽松的新闻自由和表达自由。但是人们在拥有这一自由的同时，也由于种种原因带来了许多不利的影响，"微博乱象"层出不穷。这引发了社会的反思，如何平衡公民的自由表达权以及表达的底线？如何保障微博新闻传播的纯净性？

"新闻自由""言论自由"是人们一直以来争取的权利，微博极其开放性的平台以及传播的便捷使得公民被授权更多的自由表达权。这一方面满足了公民的表达需求、激发了公民的表达欲望，"公民新闻"和"非专业记者"的出现成了新闻传播的重要补充，为新闻传播做出了突出的贡献。政府和媒体应该尊重和保障个人的表达权，营造自由活泼的舆论环境。但另一方面由于自由是相对的，对于煽动舆论、误导公众的言论需要得到控制，因此，政府和媒体需要相互配合，控制表达的底线，同时公民和媒体也需要高度自律，在享受自由表达权利的同时，也要承担保障舆论纯净性的义务。

（二）重视速度，也要重视深度

1. 未来微博新闻报道的要求

速度、精度、深度和角度是新闻报道的最主要的四个目标，指新闻的报道注意时效性、内容准确精准、角度具有创新性、新闻报道具有深度和广度。

微博已成为人们日常获取新闻的重要平台，因此，对于微博新闻传播的要求也越来越专业化，需要微博的新闻传播向传统的新闻传播一样，既要及时的告知人们新近发生的热点信息，又要揭露新闻事件背后的原因，准确选取新闻的角度，对新闻事件进行深入分析，引导舆论的健康发展。因此，未来微博新闻传播的发展除了需要速度的要求，还需要重视这四个精度、深度的角度。

2. 结合微博的速度优势和传统媒体的深度报道优势

微博传播及时、信息更新快、聚合性强等特点使微博在对突发事件报道时具有天然的优势，但是另一方面微博信息的碎片化、信息海量、内容简单等特点又使微博的新闻报道

缺乏深度、难以对新闻事件深层次的原因进行分析和评论。而传统媒体如纸质媒体等在文字上的优势使得报纸能对新闻事件进行深度分析，形成深度报道。

微博的新闻传播需要与传统媒体优势整合，既要重视速度，又要重视深度。利用微博的"速度"优势对新闻事件做及时的报道，然后通过链接连接其他网络媒体、新闻官方网站、广播电视等媒体做"深度"报道，对新闻进行全方位的报道，给受众提供及时更新的新闻信息的同时，让受众深度了解新闻事件的背景、原因等等，形成全方位的报道。

（三）非专业记者和专业记者互补发展

微博上非专业记者的涌现对新闻报道起到了重要的补充作用，但是非专业记者报道的非专业性和不稳定性又让"公民新闻"的传播具有一定的局限性，因此，专业记者的主导地位是非专业记者无法撼动的取代的。未来微博的新闻传播中，要加强对非专业记者的管理和教育，使其与专业记者形成互补发展，给受众呈现一个更加真实的世界。

1. 重视公民媒介素养的培养

公民媒体素养的高低是舆论环境的一个重要决定因素，也是公民新闻质量好坏的一个重要决定因素。在微博时代，微博的开放性给了公民越来越宽松的表达自由权，这需要更加重视公民媒介素养的培养。

加强对公民的媒介教育，有利于公民形成良好的传播意识和养成良好的传播行为，促使公民在大是大非前持清醒的头脑，避免陷入虚假信息和谣言带来的陷井中，同时也在一定程度上净化了微博新闻传播的环境。

2. 增强"意见领袖"的社会责任感

"意见领袖"在新闻传播中的作用是不言而喻的，对新闻传播进行过滤，是新闻传播中的中介。在微博中，人人都是自媒体，人人都可以是传播的主角，而真正的充当新闻传播的"意见领袖"往往是那些名人、记者或官方微博等等，它们在新闻传播中起了重要的作用。增强专业记者的社会责任感，以及对"意见领袖"进行媒介教育也是未来微博新闻传播迅速发展的重要环节。作为新闻传播的主体人员，他们的道德和行为对新闻传播具有重大影响因此，对其进行媒体教育和职业道德教育、增加社会责任感显得尤为重要。未来微博的新闻传播中，提高专业记者的社会责任感，提升"意见领袖"的道德意识，有助于新闻传播的良好发展。

（四）媒介的自律和精神的坚守

在微博新闻传播不断发展的同时也隐含着诱惑和风险，这要求媒介在面对诱惑和风险时需要保持高度的自律和精神坚守，维护微博新闻传播的真实性和纯净性，保持微博新闻报道的权威信和公信力。

在新闻传播中，尤其是在突发事件的报道中，媒体之间的恶性竞争可能会导致微博媒体为了获得"粉丝数"和关注度而盲目追求新闻的爆炸性，而忽视了新闻信息的证实和可能造成的不良舆论影响。

微博新闻传播的发展，媒介应该高度自律，坚守新闻主义专业精神，尤其是涉及公共安全和可能激起民愤的新闻信息传播中，更应该选择恰当的角度、合理发表言论、突出人文关怀，以高度的责任高和坚定的新闻主义专业精神进行新闻报道和舆论引导，营造健康积极的微博新闻传播环境。

四、微信与新闻传播

（一）微信朋友圈新闻传播的特征和局限

微信朋友圈新闻传播是一种有个性色彩的内容分类传播。既然是部落，同一个部落，或者说朋友圈中的人，基本会有一些共同点，例如阶层、文化、习惯习俗等方面的趋同。所以在微信的朋友圈中，传播的新闻会有类型化的特点。例如一个孩子的妈妈，她的朋友圈可能会时常分享育儿经。如果这个孩子的妈妈又是一个职业妇女，她的同事们会分享职业相关的新闻。而这个孩子的妈妈，是处在多个部落的交集中。每个部落就好像是一个闭合的圆圈，而某个用户就处在多个圆圈的重合部分，也就是说微信用户可以看到多个部落里的信息，每个部落传递的信息都有类型化的特点，那么微信用户所能接受的信息就有一个清晰的分类，这种分类又带有每个分享信息的朋友的个性色彩。[①] 这相对于微博传播的广场化特点来说，是一种信息的自动过滤和分类。微博新闻传播的信息零碎庞杂，没有系统和分类。对于微博用户来说，这会增加其辨识信息的成本。微信传播的新闻信息，相对于微博的零碎庞杂来说，就是一个比较清晰的定向化传播。但是微信信息的分类，又和门户网站及传统媒体不同。微信的新闻传播分类，是以微信用户的个人身份、兴趣、爱好等区分的。因为微信用户的朋友圈，是强关系圈，而强关系的形成，是基于其阶层身份以及相同或相似的职业、兴趣爱好等。所以，微信的新闻传播是一种类似于私人订制的鲜明的类型化的精准传播。

微信朋友圈新闻传播的有效性。与微博的海量信息有大部分都被用户忽略不同，微信的新闻信息的接收和传播比例较高。因为微信传播的信息和微信用户的相关度较大，所以微信传播的新闻信息的有效性大大增强。

微信朋友圈新闻传播较微博传播更为理性。微博信息传播具有非理性的特点。在微博

---

① 张玮珍. 微信新闻传播的现状与前景［J］. 传播力研究，2019，（第5期）：74.

中，推动新媒体新闻事件传播的是有着相似的情感和经验而大量集结的群众，他们相互感知，相互呼应，相互认同，共同推动了新闻事件在民众中的传播。而微信的新闻传播呈现出理性化的特点。微博新闻传播的受众群，彼此之间大都是陌生人，所以，能够让他们同心协力推动一条信息的传播，只能是有共性的情感内容，例如对弱者的同情、对高尚者的崇敬等。但对于微信来说，微信的用户来源于社会化的关系网络，彼此之间的连接是由各种现实关系组成的。在新闻传播中，他们可以从各种现实的角度、理性的角度去分析和接受，而不会仅仅局限于情感的经验。所以，在微博中未被核准的内容，会在争议中继续传播，甚至争议越大，传播的强度和力度可能会更大。但是在微信当中，关系网络是现实网络，传播者在传播信息的时候，要考虑到传播的信息是否会对朋友圈产生现实的负面的影响，因此，不确定的内容很大程度上会被理性地中止传播。

微信朋友圈所传播新闻的深度较强。微信传播的新闻信息因为没有微博 140 字的发布局限，所以为内容的深度分析拓展提供了可能性，弥补了微博信息传播的局限。在微博上，人们一般来说看到的是信息，是事件；而在微信上，人们看到的新闻则大多是观点，是评论。在获取信息源极为简便的今天，对新闻的深度开掘成为新闻传播的极大动力。微信对文字长度的无局限性，朋友圈推荐分享新闻信息的较强理性，使新闻的深度解析成为微信新闻传播的主要内容。

微信新闻传播相对来说是有强关系网形成的比较准确的定位传播，但还是有比较大的局限，具体如下。

一是这种比较准确的定位传播是自然形成而非有意为之。自然形成的新闻传播链条，容易断裂。微信用户对新闻的传播和分享是随机的而非定时定量的，再加上微信朋友圈的人数是比较有限的，所以，微信用户依靠朋友圈的分享所能得来的新闻资讯是很有限而且是不稳定的。

二是信息的新闻性较弱。朋友圈因为人数相当有限，所以，朋友圈原创的新闻信息相当少，而转发其他媒体的新闻信息又显得多此一举，因为信源实在是数不胜数。所以，微信朋友圈中获知时效性强的新闻信息的可能性很小，也就是说信息的新闻性是比较弱的。

三是微信朋友圈新闻传播的干扰因素较多。微信作为一款即时性通信工具，同时也是一个手机社交软件。在朋友圈中，出于维护强关系网的需要，朋友之间的聊天互动、生活记录、随感发布等会占据微信朋友圈内容分享的相当大一部分比例。所以，各类内容的不断刷屏，容易使微信中传播的新闻淹没其中，影响新闻阅读和接收的体验和效率。

四是微信较为理性化的传播特征是有局限的，表现为受到现实关系网络维护的要求，而限制了自我的真实表达。这就使意见的冲突和对立少见于微信朋友圈，从而导致微信朋友圈较难形成意见的自由市场。

（二）微信公众号的新闻传播

专业传播新闻的微信公众号，主要有两类组成：一类是新闻专业媒体，一类是新闻的相关从业人员。新闻专业媒体借助移动互联这块阵地开拓自己的传播渠道。专业的新闻工作者也借助微信公众号平台来进行新闻传播。一方面，可以显示新闻解读的个性；另一方面，也可以提高声望，聚拢粉丝，甚至到最后可以进行会员制的商业化运营。那么，对于微信公众号所传播的新闻，有什么特点可循呢？[①]

首先，微信公众号传播的新闻量少质优，必须经过严格的过滤。微信公众号推送的新闻，一般来说篇幅较长，在篇幅上可以与网络版和纸质版的新闻相仿。但是微信公众号每天只能推送一条新闻微信，在这条新闻微信中，一般来说会包括一到四条具体的新闻信息。为了吸引受众的注意力，每条新闻一般都会配有大幅的图片。封面新闻的图片和标题最为突出。也就是说，虽然没有字数的限制，但是却有推送数量的限制，因此，微信公众号必须做到把关人的角色，把每天最有新闻价值的新闻推送给受众，节省受众的阅读时间，减少受众辨识海量信息的成本。就像门户网站的新闻头条和传统纸媒的头版一样，微信公众号的新闻要做到优中选优，去粗取精。当然，每个公众号把什么样的新闻作为头条，还是跟媒体的特点定位有关。

其次，由于手机阅读的要求，每篇新闻的版式处理会与纸媒和网络媒体不同。手机屏幕较小，要适应手机的阅读特点，一般来说都要做到长文段落多，每段的文字简短，小标题多，标题和重点的段落或文字都做视觉强化处理。

再次，移动互联上的新闻传播，以新闻的深度解析为主，观点要犀利鲜明，风趣幽默。移动互联上的新闻传播，由于数量少篇幅长，要尽量地抓取受众的眼球，必须有很强的吸引力。这种吸引力不仅仅是版面和标题的吸引，还要体现内容为王。观点要鲜明犀利，要有个性。而要体现观点，势必要进行新闻的深度解读。而且还要体现互联网思维，要有趣幽默，而不是板起面孔说教，个性突出才有看点。

此外，微信公众号的新闻传播，以接地气有温度为指向。微信传播的新闻信息，追求与公众的贴近性，无论是内容还是语言风格，都与传统媒体理性、客观、冷静的风格不同。

最后，相对而言，新闻从业者的个人微信公众号的个性更为突出。一般来说，个人微信公众号对于新闻的解读各式各样，个性鲜明。从形式来说，也会独树一帜。

[①]　董志宏．微信新闻传播特性与模式构建［J］．中外企业家，2017，（第5期）：270.

参考文献

［1］彭祝斌，雷跃捷. 媒体融合与国际视域下的新闻传播教育［M］. 湖南大学出版社有限责任公司，2021.10.

［2］肖赛君，郑雨雯，毛毅. 融合新闻传播实务丛书数据新闻基础教程［M］. 武汉：武汉大学出版社，2021.05.

［3］董开栋. 手机新闻的兴起与媒体融合创新［M］. 中国传媒大学出版社有限责任公司，2021.04.

［4］米博. 从新媒体到全媒体新时期新闻传播的发展研究［M］. 长春：吉林科学技术出版社，2021.01.

［5］高晓虹. 传媒集刊中国新闻传播研究新时代的国际传播［M］. 中国传媒大学出版社有限责任公司，2021.03.

［6］周平. 全媒体新闻写作教程［M］. 中国传媒大学出版社有限责任公司，2021.10.

［7］陈友胜. 中国新闻政治传播研究［M］. 湘潭大学出版社有限责任公司，2021.08.

［8］智慧. 数智时代的媒体融合与社会治理研究［M］. 宁波：宁波出版社，2021.12.

［9］张哲. 融媒时代背景下新闻传播的变革研究［M］. 长春：吉林出版集团股份有限公司，2021.12.

［10］谷征. 媒体融合理论与实践探索［M］. 知识产权出版社有限责任公司，2021.08.

［11］王海燕. 媒体融合与新闻传播创新［M］. 北京：九州出版社，2020.07.

［12］刘千桂，冯贝贝，贺小芬. 媒体融合［M］. 北京：企业管理出版社，2020.01.

［13］陈丽芳. 新媒体时代新闻传播研究［M］. 沈阳：辽宁人民出版社，2020.01.

［14］张聪. 媒体融合与移动传播产品平台及用户［M］. 北京：知识产权出版社，2020.12.

［15］王晓宁. 融合新闻传播新论［M］. 南京：南京师范大学出版社，2020.12.

［16］隋岩，哈艳秋. 新闻传播学前沿 2019［M］. 北京：中国国际广播出版社，2020.02.

［17］郭琪. 融媒体语境下的新闻传播理论探索［M］. 吉林出版集团股份有限公司，2020.04.

［18］李煜，刘昶，艾红红. 新闻［M］. 北京：中国传媒大学出版社，2020.06.

［19］陈莹. 媒介融合背景下传统新闻媒体转型研究［M］. 吉林科学技术出版社有限责任公司，2020.

［20］王佳航. 智能传播环境下的新闻生产［M］. 中国广播影视出版社，2020.07.

［21］梁智勇. 移动互联网时代新闻传播发展趋势研究［M］. 上海：复旦大学出版社，2020.08.

［22］黄瑚作；米博华. 新闻与传播论衡［M］. 上海：复旦大学出版社，2019.09.

［23］刘昶，哈艳秋. 新闻传播学前沿［M］. 北京：中国传媒大学出版社，2019.03.

［24］张聪. 融合与发展数据时代的新闻与传播［M］. 知识产权出版社，2019.08.

［25］柳剑能，张志安. 媒体深度融合实务［M］. 广州：中山大学出版社，2019.10.

［26］司峥鸣. 媒介融合传播概论［M］. 北京：中国铁道出版社，2019.06.

［27］程洁. 现代传播学精品规划教材网络传播学第3版［M］. 苏州：苏州大学出版社，2019.04.

［28］张涛. 融媒时代新闻传播及其变革探析［M］. 北京：中国商务出版社，2019.03.

［29］肖灿. 融媒时代的新闻传播途径研究［M］. 长春：吉林人民出版社，2019.12.

［30］吕焕斌. 媒体融合的芒果实践报告［M］. 北京：中信出版社，2019.11.

［31］蔡睿智. 近代新闻传播实务研究［M］. 北京：人民日报出版社，2019.04.

［32］张统宣，张王梅. 全媒体时代下的新闻生产［M］. 沈阳：东北大学出版社，2019.06.